**하나님의
사람이여,
도전하라!**

도서출판 꿈미는 가정과 교회가 연합하여 다음세대를 일으키는 대안적 크리스천 교육기관인 사단법인 꿈이있는미래의 사역을 돕는 월간지와 교재, 단행본을 출간합니다.

하나님의 사람이여, 도전하라!

초판 1쇄 2020년 11월 6일
초판 2쇄 2020년 11월 17일

발행인 김은호
글쓴이 김은호
발행처 도서출판 꿈미
등 록 제2014-000035호(2014년 7월 18일)
주 소 서울시 강동구 양재대로81길 39, 이노빌딩 2층
전 화 02-6413-4896
팩 스 02-470-1397
홈페이지 http://www.coommi.org
쇼핑몰 http://www.coommimall.com

ISBN 979-11-90862-12-7 03230

김은호 설교 시리즈 **9**

하나님의
사람이여,
도전하라!

— 김은호 지음 —

이스라엘 군대의 하나님의 이름으로
네게 나아가노라 _삼상 17:45b

차례

○

하나님의 사람은
믿음으로 도전합니다

며칠을 고민하며 주님 앞에 애타는 심령으로 무릎 꿇었는지 모릅니다. 불면으로 잠을 뒤척일 때마다 할 수 있는 것이 기도밖에 없었고, 그저 주님의 음성 듣기를 사모할 뿐이었습니다. 이 나라와 백성과 열방의 수많은 영혼들이 고통에 신음하며 지쳐 쓰러져 가는 소식을 들을 때마다, 과연 하나님의 뜻이 무엇인지 묻고 싶었습니다. 주님은 우리를 포기하지 않으시는 분임을 잘 알기 때문입니다. 하나님의 말씀은 흠이 없고, 예수 그리스도를 통해 완전한 성취가 이뤄짐을 믿기 때문입니다. 무엇보다 하나님은 사랑이시기 때문입니다.

코로나바이러스감염증-19(COVID-19)로 인해 모든 것이 멈춰 버린 지금, 이전 삶의 형태로부터 근본적인 수정과 변화를 요구하는 이때에, 주님의 몸 된 교회를 섬기는 제가 할 수 있는 것은 더욱 말씀을 사모하고 주님의 뜻을 분별해 선포하는 것이었습니다. 신앙적 갈급함과 정서적 불안정, 또는 경제적 어려움으로 인해 가슴 아픈 소리를 내는 이가 있는지 살펴보고, 하나님의 마음으로 그들을 품는 것이었습니다.

불과 1년 전만 해도 사람과 사람이 만나 함께 식사를 하고, 교제를 나누며, 예배 드리는 것을 피하는 언택트(un-tact) 사회가 올 것이라고 예상하는 사람은 아무도 없었습니다. 정말 한치 앞도 내다볼 수 없는 것이 우리 인생입니다. 그러나 하나님은 혼돈의 시간을 보내고 있는 우리에게 오히려 가장 선명한 은혜를 나타내 보이고 계심을 깨달았습니다. 단순한 콘택트(con-tact)를 넘어 아버지와 자녀로서 영적 딥택트(deep-tact)의 관계로 우리와 교제하길 원하신다는 것을 깨달았습니다.

그러기 위해 하나님의 사람인 우리가 추구해야 할 삶의 태도는 무엇일까요? 성경은 그것에 대해 알려 줍니다. 바로 '믿음의 도전'입니다. 도전은 단지 어떤 일에 맞서 싸우는 사전적 의미만을 이야기하지 않습니다. 성경에서 말하는 도전은 십자가의 복음대로 살아내는 철저한 순종입니다. 거룩하신 하나님의 비전을 선포하며, 두려워하지 않고 세상과 충돌하는 견고한 믿음입니다. 천하보다 귀한 한 영혼에게 거침없이 예수 그리스도를 증거하며, 그를 사랑하는 하나님의 마음을 품는 일입니다.

하지만 세상은 끊임없이 이를 방해하고 조롱하고 위협합니다. 역설적이게도 그래서 도전이 우리의 사명입니다. 여호와 하나님의 이름으로 이 모든 장애를 헤치며 담대히 나아가야 하기 때문입니다. 하나님의 사람이라는 정체성을 가진 자는 믿음으로 도전할 때 가슴이 뜁니다. 두근대는 심장으로 오늘 하나님이 하시는 영광스러운 일에 내 모든 것을 걸고, 승리의 기쁨에 참여하기를 갈망합니다.

사실 "하나님의 사람이여, 도전하라!"는 주제는 지금까지 저를 인도하신 하나님을 향한 신실한 고백이자, 함께 하나님 나라를 세워 가는 동역자들과 나누고 싶은 가슴 뜨거운 외침이었습니다. 그런데 코로나19로 인해 세계보건기구(WHO)가 감염병 최고 경고 등급인 팬데믹(pandemic)을 선포한 이후, 교회는 혼란에 빠졌으며 전 세계적으로 공포가 확산되었습니다. 계속되는 혼란 속에서 고민하던 중 오히려 이때에 주님이 주시는 말씀이 바로 '도전'임을 깨달았습니다. 도전하는 자만큼 정체성이 분명한 자가 없기 때문입니다.

도전의 전제는 믿음입니다. 하나님이 나와 함께하신다는 믿음, 주님이 나를 도우신다는 믿음! 그 믿음이 있을 때 비로소 우리는 하나님의 사람이라는 정체성을 가지고 도전할 수 있습니다. 그리고 그 믿음으로 도전하는 자에게서는 그 누구도, 그 무엇도 '하나님이 매 순간 내 안에 임재하시는 것에 대한 확신'과 '예수 그리스도의 구원의 은혜를 전하는 기쁨'을 빼앗을 수 없습니다.

하나님의 사람이여, 도전하라!

저는 감히 말씀을 의지하여 선포합니다. 하나님은 우리를 보호하실 것입니다. 우리로 하나님의 사명을 감당하게 하기 위함입니다. 하나님은 우리를 그분의 비전에 사로잡히게 하실 것입니다. 어두워지는 세상에 주님의 빛을 비추는 인생으로 헌신하게 하기 위함입니다. 그러니 타오르는 심령으로 도전하십시오. 하나님은 여러분을, 여러분의 삶을 원하십니다.

"주님, 저를 하나님의 영광의 도구로 사용하여 주시옵소서! 조지 휫필드(George Whitefield)의 순전한 고백처럼, 녹슬어 없어지기보다 닳아서 없어지는 사명자가 되게 하여 주시옵소서!"

이 책은 2020년 상반기에 "하나님의 사람이여, 도전하라!"는 주제로 오륜교회 성도들과 함께 나눈 설교입니다. 특별히 코로나19 시대에 두렵고 떨림으로 구원을 이루는 모든 교회와 그리스도인들에게 더욱 깊은 영적 울림이 있으리라 믿습니다.

주님의 말씀을 따라가며, 하나님의 약속을 살피고 도전하는 믿음을 가진 우리가 되기를 원합니다. 사도 바울의 고백처럼 '우리 안에 착한 일을 시작하신 이가 그리스도 예수의 날까지 이루실 줄을 확신하며'(빌 1:6), 언젠가 주님이 오시는 날, 그리스도의 날에 자랑할 것으로 풍성한 하나님의 사람이 되시기를 주님의 이름으로 축복합니다.

2020년 10월
하나님의 사람 김은호

1부
누가 도전하는가

"오직 너 하나님의 사람아"
(디모데전서 6장 11절)

1
○

너, 하나님의 사람아
디모데전서 6장 11-12절 ①

2020년 우리 교회 표어는 "하나님의 사람이여, 도전하라!"입니다. 도전은 상대방에 정면으로 맞서는 것입니다. 먼저 일어나 상대와 눈을 맞추고 그를 향해 나아가는 것입니다. 적극적으로 싸움을 시작하는 것입니다. 도전은 싸움입니다. 죄로 가득한 나 자신과의 싸움이고, 골리앗처럼 타락한 세상과의 싸움이며, 보이지 않는 악한 영들과의 싸움입니다.

"최고의 공격이 최선의 방어"라는 말이 있습니다. 전쟁에서든 스포츠에서든, 공격은 하지 않고 수비에만 힘을 쏟으면 결코 상대를 이길 수 없습니다. 영적 싸움도 마찬가지입니다. 하나님은 우리에게 보다 적극적인 태도를 요구하십니다. '마귀를 대적하라'고 말씀하십니다. '지체하지 말고 앞서 나아가 싸우라'고 명하십니다.

하나님의 사람은 싸워야 합니다. 싸워야 승리할 수 있고, 그 승리들을 통해 하나님 나라가 확장됩니다. 싸우는 사람만이 승리의 영광을 누릴 수 있습니다. 그리고 그 싸움의 시작은 상대방에 맞서 도전하는 것입니다. 현실에 안주하지 마십시오. 그 자리에서 일어나 믿음으로 나아가십시오. 함께하는 하나님의 능력을 신뢰하면, 주님은 도전하는 자를 통해 반드시 그분의 일을 이루십니다.

도전을 즐기는 사람은 주로 어떤 사람들입니까? 적극적인 사람입니까? 싸움을 좋아하는 사람입니까? 매사에 지나칠 정도로 자신감이 넘치는 사람입니까? 그러나 성경은 도전하는 사람에 대해 우리의 선입견과는 전혀 다른 차원의 이야기를 들려줍니다.

너 하나님의 사람아

도전하는 사람은 내가 누구인가를 제대로 아는 사람, 즉 자신의 정체성이 분명한 사람입니다. 사도 바울은 에베소에 있는 젊은 목회자 디모데에게 편지하면서 그를 이렇게 부릅니다.

"오직 너 하나님의 사람아"(11절a).

'하나님의 사람'이라는 말에 주목하십시오. 성경에서 이 호칭은 특별한 소수의 사람에게만 사용되었습니다. 이스라엘 백성을 애굽에서 인도해 낸 모세와 이스라엘의 초대 왕인 사울, 다윗에게 기름을 부어 왕으로 세운 선지자 사무엘, 갈멜산의 영적 대결에서 승리하고 사르밧 과부의 죽은 아들을 살린 선지자 엘리야, 가장 많은 기적을 행한 선지자 엘리사, 하나님의 마음에 합한 자 다윗 등에게 이 호칭이 사용되었습니다. 하나님의 일을 특별히 수행한 익명의 사람들에게도 이 호칭이 사용되었습니다(왕상 13:1). 그러니까 구약 시대에는 특별한 부르심을 받고, 특별한 사명을 감당한 소수의 특별한 사람들에게만 '하나님의 사람'이라는 영광스러운 호칭이 사용된 것입니다.

신약에서는 이 호칭이 단 한 번, 사도 바울이 '믿음의 아들'이라고 일컬은 디모데에게 사용됩니다. 신약 시대에는 하나님의 사람을 '하나님께 속한 자'라고 말합니다. 신약 성경에서는 예수를 믿음으로 구원받아 하나님의 자녀가 된 사람을 '하늘에 속한 자' 혹은 '하나님께 속한 자'라고 일컫습니다. 사도 요한도 초대교회 성도들에게 편지하면서 "자녀들아 너희는 하나님께 속하였고"(요일 4:4a)라고 말합니다.

예수님도 마찬가지입니다. 그런데 예수님은 여기에 다른 말씀을 덧붙이십니다. 요한복음에서 주님은 제자들에게 '너희는 하나님께 속하였다'고 하시면서 '그렇기 때문에 세상이 너희를 미워한다'고 말씀하십니다.

"너희가 세상에 속하였으면 세상이 자기의 것을 사랑할 것이나 너희는 세상에 속한 자가 아니요 도리어 내가 너희를 세상에서 택하였기 때문에 세상이 너희를 미워하느니라"(요 15:19).

하나님의 사람, 즉 하나님께 속한 자를 세상은 미워합니다. 세상에 살지만 도리어 그 세상에서 택하심을 받아 소속이 완전히 달라졌기 때문입니다. 여전히 세상에 속한 자로 살아가면 세상이 그를 미워할 이유가 없습니다. 그러나 이 땅에서 살지만 하늘에 속한 자, 하나님께 속한 자가 되었기에 세상은 그를 불편해하고 부담스러워하고 미워합니다.

세상에 속한 자인가, 하나님께 속한 자인가

세상에는 두 종류의 사람이 존재합니다. 하늘에 속한 자와 땅에 속한 자, 혹은 하나님께 속한 자와 세상에 속한 자입니다. 그렇다면 오늘 여러분은 누구입니까? 여러분은 어디에 속한 자입니까?

무엇으로 나의 소속과 신분을 구별할 수 있을까요? 사람들은 도덕과 윤리의 잣대를 들이댑니다. 술을 마시고 담배를 피우면 세상에 속한 자, 그렇지 않으면 하나님께 속한 자라고 구분합니다. 또 어떤 사람들은 감정으로 구분하려고 합니다. 그래서 마음에 평안과 기쁨이 있으면 하나님께 속한 사람이요, 불안하고 두려워하고 근심이 많으면 세상에 속한 사람이라고 생각합니다. 아마 가장 많은 사람들이 교회를 다니는가, 다니지 않는가로 그 사람의 영적 신분과 소속을 구분할 것입니다. 하지만 이역시 절대적 기준이 될 수 없습니다.

'어디에 속하였는가'는 도덕과 윤리의 문제가 아닙니다. 감정의 문제도 아닙니다. 교회를 얼마나 오래 다녔는지의 문제도 아니고, 더 나은 삶을 살기로 결심했다는 차원 또한 아닙니다. '진리에 대해 어떤 태도를 보이는가?', 이것이 중요합니다. 하나님께 속한 사람은 성경에 기록된 진리의 말씀을 의심 없이 믿고 그대로 받아들입니다. '하나님의 아들 예수 그리스도가 인간의 몸을 입고 이 세상에 오셨다. 시간과 공간을 초월해 내 모든 죄를 담당하여 십자가에 달려 죽으셨고, 사흘 만에 부활하셨다'는 사실을 온 삶으로 믿는 것입니다. 세상에 속한 자와 하나님께 속한 자는, 오늘 내게 있어서 예수 그리스도가 어떤 분이신가에 따라 결정됩니다. 예수님은 "영생은 곧 유일하신 참 하나님과 그가 보내신 자 예수 그리스도를 아는 것이니이다"(요 17:3)라고 말씀하십니다. 예수 그리스도를 믿음으로 하나님께 속한 자가 바로 하나님의 사람입니다. 이것이 진리입니다. 이 진리는 여러분의 삶에 어떤 의미입니까?

흔들리지 않으려면

앞서 말씀드린 것처럼 바울은 믿음의 아들 디모데에게 여러 권면을 하기에 앞서 "오직 너 하나님의 사람아"라고 부릅니다. 그모든 것보다 정체성이 중요하기 때문입니다. 내가 누구인지가확실해야 세상의 유혹을 피할 수 있고, 주님을 온전히 따를 수있으며, 믿음의 선한 싸움을 싸울 수 있습니다. 또한 안주하지않고 도전할 수 있습니다.

사도 베드로 역시 복음 때문에 핍박받는 초대교회 성도들에게 "너희는 택하신 족속이요 왕 같은 제사장들이요 거룩한 나라요 그의 소유가 된 백성이니"(벧전 2:9a)라고 말합니다. 자신의 정체성을 분명히 해야 그 엄청난 박해를 이겨 낼 수 있기 때문입니다. 그런 자들이야말로 "그의 기이한 빛에 들어가게 하신 이의 아름다운 덕을 선포"(벧전 2:9b)하며 하나님의 선명한복음을 전할 수 있습니다.

『하늘에 속한 사람』(홍성사, 2004)의 저자 윈 형제가 중국 공안원들에게 잡혔을 때의 일입니다. 공안들이 "너는 누구냐? 이름을 대라!"고 윽박지르며 모진 고문을 하자 윈 형제는 이렇게 답했습니다. "네, 저는 하늘에 속한 사람입니다." 지하 교회 성도들을 숨겨 주기 위해 역설적으로 자신의 정체성을 정확하게 고백한 것입니다. 맞습니다. '하늘에 속한 사람'이 그의 이름입니다.

비슷한 사례가 있습니다. 케냐와 소말리아 접경 지역에서 선교하는 곽희문 선교사의 이야기입니다. 그가 선교하는 지역은 가장 강력한 소말리아 무슬림들이 들어와 거주하는 곳으로, 그곳에서는 성경을 들고 다니거나 예수를 믿는다고 말하면 언제 총에 맞아 죽을지 모릅니다. 하지만 곽희문 선교사는 이렇게 고백합니다.

"내 인생에 그리스도인이라 일컬음을 받는 것이 최고의 영광이기에 나는 나 자신의 신분을 숨기지 않고 당당하게 그곳에 들어가겠습니다. 우리 이 땅에서 다시 만나지 못하면 다음에 천국에서 만납시다."

그는 총에 맞고 돌에 맞아 죽는 한이 있어도, 그리스도인이라는 자신의 정체성을 숨기지 않겠다고 각오했습니다. 그가 스스로의 정체성을 얼마나 중요하게 생각하는지는 『내 이름은 그리스도인입니다』(아가페북스, 2017)라는 그의 책 제목에서도 잘 나타납니다. 그리스도인이라는 정체성이야말로 그를 지탱하는 능력이자 위로이자 삶의 이유였습니다.

사도 바울은 편지를 쓸 때마다 가장 먼저 "하나님의 뜻으로 말미암아 그리스도 예수의 사도된 바울"이라고 자신을 소개합니다. 베드로 역시 자신을 "예수 그리스도의 사도 베드로"라고 말합니다.

스스로의 정체성이 분명한 사람은 삶의 문제에 쉽게 요동하지 않습니다. 어느 상황에서든 중심을 잃지 않고 당당합니다. 우리는 어떻습니까? 사소한 문제에도 쉽게 흥분하고 작은 손해에도 억울해하며 잠을 이루지 못하곤 합니다. 별것 아닌 일에 우울해지고 그 감정에 이리저리 휘둘리기도 합니다. 내가 누구인지가 바로 서야 내 감정도, 내 삶 전체도 흔들리지 않고 바로 설 수 있습니다. 하나님의 사람이라는 선명한 정체성이 나를 하나님의 사람답게 만들기 때문입니다.

하나님의 사람에게 주는 명령

바울은 믿음의 아들 디모데를 향하여 "오직 너 하나님의 사람아"라고 부른 다음, 하나님의 사람은 어떻게 살아야 하는지에 대해 이야기합니다. 디모데전서 6장에서 바울은 하나님의 사람에게 '피하라, 따르라, 싸우라, 취하라, 지키라'는 다섯 가지 덕목을 권면합니다.

이 다섯 개의 동사는 모두 군사 용어입니다. 하나님의 사람이라면 반드시 지키며 행해야 할 명령인 것입니다. 13절에서 바울은 디모데에게 "그리스도 예수 앞에서 내가 너를 명하노니"라고 말하고, 14절에서는 "이 명령을 지키라"고 말합니다. 하나님의 사람은 명령과도 같은 이 권면을 반드시 지켜 행해야 합니다.

이것들을 피하라

"오직 너 하나님의 사람아 이것들을 피하고"(11절a).

　바울은 하나님의 사람인 디모데에게 가장 먼저 이것들을 '피하라'고 말합니다. 성경에는 '음행을 피하라', '다툼을 피하라', '거짓 교훈을 피하라' 등 피하라는 말이 자주 등장합니다.
　하나님의 사람에게 가장 먼저 '이것들을 피하라'고 명령한 이유가 무엇일까요? 죄악을 이겨 내는 최고의 방법은 피하는 것이기 때문입니다. 음행을 피하지 않고 자신의 의지만으로 이겨 낼 수 있습니까? 죄성이 충만한 우리 자신의 의지와 결단만으로는 죄의 유혹을 이겨 내기란 불가능합니다.
　디모데전서 6장 3-10절에서 바울은 다른 교훈, 교만, 변론과 언쟁, 투기와 분쟁 등 피해야 할 많은 것들을 언급합니다. 그중 특히 '돈에 대한 탐욕을 피하라'고 강조하며 해당 말씀의 절반 이상을 돈에 대해 다룹니다. 하나님의 사람이 가장 피해야 할 것 중 하나가 돈에 대한 탐욕이기 때문입니다.

일만 악의 뿌리

"돈을 사랑함이 일만 악의 뿌리가 되나니 이것을 탐내는 자들

하나님의 사람이여, 도전하라!

은 미혹을 받아 믿음에서 떠나 많은 근심으로써 자기를 찔렀도
다"(10절).

돈을 사랑하는 것이 왜 그토록 무서운 탐욕입니까?

첫째, 일만 악의 뿌리가 되기 때문입니다. 모든 죄의 뿌리에
돈이 있습니다. 온갖 부정과 부패, 타락과 살인, 미움, 갈등, 반
목, 뇌물, 사치, 방종이 돈을 사랑하는 마음에서 나옵니다. 돈 때
문에 가정이 깨지고, 돈 때문에 형제자매를, 친구를, 이웃을 미
워합니다. 가룟 유다가 왜 예수님을 팔았습니까? 발람 선지자가
거짓 예언을 하려고 한 이유가 무엇입니까? 왜 아나니아와 삽비
라가 저주를 받아 죽었습니까? 돈에 대한 욕심 때문입니다.

둘째, 믿음에서 떠나 많은 근심으로 자기 자신을 찌르기 때문
입니다.

"이것을 탐내는 자들은 미혹을 받아 믿음에서 떠나 많은 근심
으로써 자기를 찔렀도다"(10절b).

사람은 돈을 가까이할수록 하나님으로부터 멀어집니다. 돈
에만 파묻히기 때문입니다. 그런 사람에게는 하나님이 보이지
않고 하나님의 음성이 들리지 않습니다. 영혼이 어두워집니다.
끝없는 욕심에 생각과 영혼이 묶여 점점 더한 근심과 고통에

빠져 버리고, 결국 하나님을 떠나게 됩니다. 탐욕이 이렇게 무섭습니다. 그래서 바울은 부자가 되려고 애쓰는 자들에게 이렇게 경고합니다.

"부하려 하는 자들은 시험과 올무와 여러 가지 어리석고 해로운 욕심에 떨어지나니 곧 사람으로 파멸과 멸망에 빠지게 하는 것이라"(9절).

돈에 대한 탐욕을 피하지 않는 자는 시험과 올무와 해로운 욕심 위에 떨어지고, 결국 파멸과 멸망에 빠지고 맙니다. 이것이 성경이 말하는 돈을 사랑하는 자들의 말로입니다.

셋째, 돈은 사랑의 대상이 아니기 때문입니다. 돈은 생활의 수단일 뿐입니다. 그런데 사람들은 자신도 모르게 돈을 그 자체로 사랑합니다. 아니 사랑하다 못해 신으로 섬기고 그것에 삶 전체를 맡깁니다. 예수님은 이렇게 말씀하십니다.

"집 하인이 두 주인을 섬길 수 없나니 혹 이를 미워하고 저를 사랑하거나 혹 이를 중히 여기고 저를 경히 여길 것임이니라 너희는 하나님과 재물을 겸하여 섬길 수 없느니라"(눅 16:13).

우리는 누가 우리의 주인인지 선택해야 합니다. 하나님과 재

하나님의 사람이여, 도전하라!

물을 겸하여 섬길 수는 없습니다. 여러분의 주인은 누구입니까? 하나님입니까, 맘몬입니까? 우리가 십일조를 드리는 이유가 무엇입니까? 물질이 내 인생의 주인이 아니라 하나님이 내 인생의 주인이심을 선포하는 가장 확실한 신앙 고백이기 때문입니다.

오해하지 마십시오. 돈 그 자체는 선도 악도 아닙니다. 할 수 있는 한 열심히 돈을 버십시오. 최선을 다해 정당한 방법으로 돈을 버십시오. 그러나 돈을 사랑하지는 마십시오. 그냥 사용하십시오. 돈이 여러분 인생의 주인이 되지 않도록 조심하십시오. 돈은 여러분의 운명과 영혼을 책임져 주지 않습니다. 여러분을 편리하게 해 줄 수는 있지만 여러분을 행복하게 해 주지는 못합니다.

한번은 테레사(Teresa) 수녀가 미국 순회 집회를 하는 도중에 굉장한 부자를 만났습니다. 그는 테레사 수녀에게 이렇게 물었습니다.

"당신에게 가장 필요한 것이 무엇입니까?"

테레사 수녀는 빙그레 웃으면서 대답했습니다.

"저에게는 예수님만 필요합니다. 주님만 필요합니다. 그분이면 족합니다. 예수 그리스도면 족합니다."

이것이 진짜 하나님께 속한 사람의 고백입니다. 여러분도 이렇게 고백할 수 있습니까? 하나님의 사람은 돈 때문에 만족하고 행복한 것이 아니라, 나를 위하여 십자가에 달려 죽으시고 부활하신 그 주님 때문에 만족하고 행복한 사람입니다. 하나님의 사람은 소유로 살지 않고 존재로 사는 사람입니다. 여러분이 예수를 그리스도로 믿고 영접했다면, 누가 뭐라 해도 여러분은 하나님의 사람입니다. 그렇다면 이제 어디에서 무엇을 하든 간에, 누구를 만나든 간에 여러분의 정체성을 분명히 하십시오. 썩어질 물질 앞에 영혼을 팔지 마십시오. 돈을 사랑하지 말고 돈에 대한 탐욕을 적극적으로 피하십시오. 하나님의 사람이라는 정체성을 가지고 당당하게 살아가십시오. 세상 앞에 굴복하지 마십시오. 여러분은 하나님의 사람입니다.

오직 너 하나님의 사람아

하나님은 올 한해를 여는 우리에게 말씀하십니다. "도전하라!"

무엇에 도전하시겠습니까? 여러분이 상대해야 할 문제는 무엇입니까? 오랫동안 부둥켜 끌어안고 있는 문제들, 도무지 어찌할 수 없는 환경들, 어떻게 해도 풀리지 않는 관계들, 은밀하게 나를 괴롭히는 내 안의 죄성들….

부담스러우십니까? 두려우십니까? 피하고 싶으십니까? 하지만 하나님은 "도전하라"는 그 명령 앞에 또 한마디를 붙이십니다. 어쩌면 더 중요한 이 한마디, "너, 하나님의 사람아!"입니다.

하나님의 사람이여, 도전하라!

하나님은 우리를 하나님의 사람이라고 부르십니다. '너, 하나님의 사람'이라고 짚어 나를 부르십니다. 그것으로 충분하지 않습니까? 하나님이 나를 그분의 사람이라고 부르시는데, 어떤 것이 두렵고 무엇이 망설여지겠습니까? 그 사실만으로도 우리는 이미 이겼습니다. 도전하기도 전에 승리했습니다. 내가 하나님의 사람이라는 사실을 온 삶으로 부여잡고, 이미 승리한 전쟁을 시작하는 여러분의 믿음의 도전을 주님의 이름으로 축원합니다.

2

○

선한 싸움을 싸우라

디모데전서 6장 11-12절 ②

도전을 결심하기 전, 우리는 상대에 집중합니다. 상대의 전적은 어떤지, 내가 이길 만한지, 겁 없이 달려들었다가 공연히 힘만 빼거나 망신당하는 것은 아닌지, 상대에 대해 연구합니다. 그러다 해볼 만하다 싶으면 도전합니다. 상대를 이리저리 탐색하다 지레 겁을 먹고 포기할 때도 많습니다. 어쩌면 시작한 도전보다 포기해 버린 도전이 훨씬 많을지도 모릅니다.

하지만 성경은 우리에게 다른 관점을 가르칩니다. 상대가 아닌 나에게 먼저 초점을 맞추라는 것입니다. '나는 누구인가?', '어디에 속한 자인가?' 하는 가르침은 스스로의 정체성에 대한 확신이 그 무엇보다 중요하다는 것을 뜻합니다. 내가 누구인지를 아는 것이 상대를 아는 것보다 훨씬 중요합니다. 그리고 승패에 결정적인 영향을 미칩니다.

그래서 사도 바울은 믿음의 아들 디모데에게 여러 권면을 하

하나님의 사람이여, 도전하라!

기 전에 먼저 "오직 너 하나님의 사람아!"라고 불렀던 것입니다. 영적 싸움을 시작하기 전에 가장 중요한 것은 내가 하나님의 사람임을 정확하게 아는 것입니다.

이것들을 따르라

디모데에게 먼저 피해야 할 것들에 대해 경고한 바울은 이제 '따르라'고 권면합니다. 신앙생활은 피할 것을 피하는 것만으로 끝나지 않습니다. 피한 다음에는 적극적이면서도 능동적으로 따라야 할 것들이 있습니다. 그래서 바울은 디모데에게 '이것들을 피하라'고 말한 다음 '이것들을 따르라'고 말합니다.

"의와 경건과 믿음과 사랑과 인내와 온유를 따르며"(11절b).

의와 경건은 하나님과의 관계에서 나타나야 할 신앙의 덕목입니다. '의'는 법정에서 주로 사용되는 용어로, 하나님과의 관계에서 주어지는 것을 말합니다. 우리는 예수를 믿음으로 의롭다 함을 받았습니다. 따라서 하나님의 자녀답게, 의로운 사람답게 살아야 합니다. 의롭게 사는 것이 무엇일까요? 성경은 '우리 주 예수 그리스도로 말미암아 화평을 누리는 것'이라고 말합니다.

"그러므로 우리가 믿음으로 의롭다 하심을 받았으니 우리 주 예수 그리스도로 말미암아 하나님과 화평을 누리자"(롬 5:1).

하나님과 화평을 누리는 것은 인간이 타락하기 이전, 죄를 범하기 이전의 상태로 돌아가는 것을 말합니다. 의롭다 하심을 받은 자는 담대히 하나님의 보좌 앞으로 나아갈 수 있습니다. 하나님과 친밀한 교제를 나누며, 하나님의 통치를 받으며, 그 영광의 빛 가운데 살 수 있습니다. 아들이 아빠에게 나아가듯, 어떤 두려움도 없이 언제든지 거룩하신 하나님 앞에 나아갈 수 있습니다. 이 관계를 누릴 수 있다는 것은 엄청난 축복이자 특권입니다.

또한 의롭게 산다는 것은 죄를 미워하며 불의와 타협하지 않는 것입니다. 하나님이 미워하시는 것을 내가 미워하고, 하나님이 좋아하시는 것을 나도 좋아하며 사는 것입니다. 내 안에 하나님의 의가 있으면 이것이 가능합니다.

'경건'은 헬라어로 '유세베이아'(εὐσέβεια)입니다. 유세베이아는 '유'(좋은)와 '세베이아'(두려움)의 합성어로, '좋은 두려움' '바람직한 두려움'이라는 뜻입니다. 결국 경건이란 하나님이 무서워서 떠는 두려움이 아니라 하나님을 존경하고 사랑하기 때문에 갖는 거룩한 두려움, 좋은 두려움입니다. 이것이 바로 성경이 말하는 경건입니다.

경건한 생활은 저절로 주어지지 않습니다. 바울은 디모데에게 "경건에 이르도록 네 자신을 연단하라"(딤전 4:7b)고 권면합니다. 경건에 이르기 위해서는 부단한 노력과 훈련이 필요하다는 것입니다. 경건은 훈련입니다. 경건을 훈련하지 않으면 말세의 사람들처럼 경건의 모양은 있으나 경건의 능력을 부인하는 자들이 되고 말 것입니다.

예수님 당시의 바리새인들을 보십시오. 그들에게는 경건의 모양이 있었습니다. 하지만 삶의 중심에 경건의 능력은 없었습니다. 끊임없이 남을 판단하고 정죄했지만 정작 자신들은 말씀대로 살지 않았습니다.

사실 바리새인들의 삶은 일면 오늘 우리의 모습과 닮아 있습니다. 우리는 빠짐없이 예배드리고 시간을 들여 봉사합니다. 신앙의 말을 하면서 주의 일에 열심을 냅니다. 하지만 한편으로는 다른 사람을 함부로 판단하고 비난하기도 합니다. 다른 사람을 향한 그 엄격함을 스스로에게는 적용하지 않습니다. 훈련은 단시간에 끝나지 않습니다. 경건에 이르기 위해서는 바울의 권면처럼 평생에 걸쳐 끊임없이 연단하고 훈련해야 합니다.

다음으로 따를 것은 믿음과 사랑입니다. '믿음'은 하나님께 자신을 맡기고 순종하는 것입니다. 믿음은 하나님의 사람이 살아가는 방식입니다. 사도 바울은 "오직 의인은 믿음으로 말미암아 살리라"(롬 1:17b)고 말합니다. 예수님도 누군가를 평가하실 때 "네 믿음이 크도다", "네 믿음이 너를 구원하였느니라", "네 믿음대로 될지어다"라고 말씀하셨습니다. 하나님의 평가 기준은 바로 믿음입니다.

뿐만 아니라 믿음은 관계에 있어서의 신실함과 정직함을 말합니다. 하나님의 사람은 어떠한 상황에서도 믿을 수 있는 사람이어야 합니다. "다른 사람은 몰라도 그 사람이 하는 말이라면 신뢰할 수 있어"라는 평가를 받아야 합니다. 흔들리지 않는 하나님에 대한 믿음으로 사는 사람은 다른 사람들과의 관계에서도 진실하고 정직합니다.

'사랑'은 하나님이 우리에게 보이신 것을 실천하여 다른 곳으로 흘려보내는 것을 말합니다. 로마서 5장 5절은 "우리에게 주신 성령으로 말미암아 하나님의 사랑이 우리 마음에 부은 바 됨이니"라고 말합니다. 우리 안에 성령께서 찾아오실 때 사랑도 같이 부어졌습니다. 하지만 그 사랑이 우리 안에서 흘러넘치지 못합니다. 왜 그렇습니까? 나의 욕심이, 나의 이기적인 욕망이 너무나 강력하게 나를 지배하고 있기 때문입니다. 성령의 충만을 받아 나의 정욕을 십자가에 못 박아야 합니다. 그럴 때 우리 안에 이미 부어진 하나님의 사랑이 흘러갈 수 있습니다.

세상 사람들은 우리에게 "하나님을 보여 달라"고 말합니다. 보이지 않는 하나님을 어떻게 보여 줄 수 있을까요? 우리가 받은 그 하나님의 사랑을 흘려보내면 됩니다. 그것이 세상이 하나님을 경험하게 하는 방법입니다. 세상은 우리가 교회에 나가 주일 예배 드리는 일로 감동받지 않습니다. 그들로서는 알 수도 예측할 수도 없는 하나님의 사랑이 우리를 통해 그들에게 흘러갈 때, 감동을 받고 하나님을 조금씩 알아가게 됩니다.

바울은 또한 인내와 온유를 따르라고 권면합니다. '인내'는 힘든 상황을 참아 내는 것입니다. '온유'는 나를 힘들게 하는 사람에게 적대감을 품지 않고 오히려 사랑으로 대하는 마음과 태도를 말합니다. 이렇게 살아 낸다는 것은 말처럼 쉽지 않습니다. 자존심이 상하기도 하고 늘 나만 손해 보는 것 같은 생각이 들기도 합니다. 그런 삶이 스스로 용납되지 않을 때도 있습니다. 그러나 우리가 그 모든 것을 이기고 인내와 온유를 따르면, 순간순간은 힘들고 억울할지언정 하나님이 우리 인생 전체를 책임져 주십니다.

이삭을 보십시오. 창세기 26장 12절은 "이삭이 그 땅에서 농사하여 그 해에 백 배나 얻었고 여호와께서 복을 주시므로"라고 말합니다. 블레셋 땅으로 들어온 이삭은 척박한 땅에서 농사를 지어 거부가 되었습니다. 그러자 블레셋 사람들이 이삭을 시기하여 아브라함 때에 팠던 우물을 막아 버립니다. 물을 마시지도 사용하지도 못하게 합니다. 심지어 "네가 우리보다 크게 강성한 즉 우리를 떠나라"(창 26:16)고 요구합니다.

그러나 이삭은 싸우지 않습니다. 다른 곳으로 옮겨 또 다른 우물을 팝니다. 샘의 근원을 만나게 되자, 그랄 목자들이 또 다시 나타나 "이 물은 우리의 것이라"(창 26:20)며 빼앗습니다. 얼마나 억울하고 화가 치미는 일입니까? 하지만 이삭은 또 자리를 옮깁니다. 그리고 다시 다른 우물을 팝니다. 바보 같습니까? 답답합니까? 그러나 이것이 온유를 따르는 삶입니다. 이삭은 왜 이렇게 살았을까요? 하나님이 책임져 주실 것이라는 확신이 있었기 때문입니다.

마침내 그들이 이삭을 향하여 이렇게 말합니다.

"그들이 이르되 여호와께서 너와 함께 계심을 우리가 분명히 보았으므로"(창 26:28a).

"너는 여호와께 복을 받은 자니라"(창 26:29b).

이삭을 괴롭히던 자들은 마침내 하나님이 이삭과 함께 계심을 보았습니다. 이것이 인내하고 온유한 자가 누리는 복입니다.

믿음의 선한 싸움을 싸우라

사도 바울은 믿음의 아들 디모데에게 "믿음의 선한 싸움을 싸우라"고 권면합니다.

하나님의 사람이여, 도전하라!

"믿음의 선한 싸움을 싸우라"(12절a).

　선한 싸움이 무엇일까요? '선한 싸움'은 세상에는 없는 말입니다. 서로 모순되는 두 단어가 합쳐진 것 같기도 합니다. 믿음의 선한 싸움이란 악을 악으로 갚지 않는 것입니다. 용서할 수 없는 사람을 용서하는 것입니다. 선으로 악을 이기는 것입니다. 그것이 싸움은 싸움이되 선한 싸움입니다. 바울은 하나님의 사람 디모데에게 그 싸움을 하라고 권면합니다. 로마 교회에도 악에게 지지 말고 선으로 악을 이기라고 말합니다.

　"네 원수가 주리거든 먹이고 목마르거든 마시게 하라 그리함으로 네가 숯불을 그 머리에 쌓아 놓으리라 악에게 지지 말고 선으로 악을 이기라"(롬 12:20-21).

　진정한 선은 무엇일까요? 하나님의 사랑입니다. 하나님의 사랑으로 악을 이기는 것입니다. 사랑으로 악을 이기는 것은, 원수가 주리거든 먹이고, 목마르거든 마시게 하는 것입니다. 다시 말해 원수를 사랑하는 것입니다.
　이것도 말처럼 쉽지 않습니다. 하지만 성경은 그렇게 살아 낸 사람들의 이야기를 들려줍니다. 이삭이 그랬습니다. 자신의 우물을 빼앗고 끊임없이 괴롭혔던 블레셋 사람들을 위해 잔치를 베풀었습니다. 이것이 바로 선으로 악을 이기는 것입니다.

"이삭이 그들을 위하여 잔치를 베풀매 그들이 먹고 마시고 아침에 일찍이 일어나 서로 맹세한 후에 이삭이 그들을 보내매 그들이 평안히 갔더라"(창 26:30-31).

엘리사 역시 선으로 악을 이겼습니다. 자신을 죽이기 위해 도단성을 에워쌌던 아람의 군대가 사마리아성에 갇히게 되었습니다. 이때 이스라엘의 왕은 사마리아성에 사로잡힌 아람의 군대를 쳐 죽이자고 강력하게 요청했습니다. 하지만 엘리사는 그들을 죽이지 않고 도리어 물과 떡을 주어 먹고 마시게 한 다음 돌려보내게 했습니다.

"떡과 물을 그들 앞에 두어 먹고 마시게 하고 그들의 주인에게로 돌려보내소서 하는지라"(왕하 6:22b).

아람의 군인들은 모든 것을 포기했습니다. '이제 우리는 죽었구나'라고 생각하고 있었습니다. 그런데 적군인 자신들을 위해 큰 잔치를 베풀어 먹고 마시게 한 다음 놓아 준 것입니다. 쉽지 않은 일입니다. 원수까지 사랑하는 것은 어쩌면 죽음보다 더 힘든 일입니다. 원수에 대해 복수심을 거두는 것만으로도 힘든데,

그 원수를 적극적으로 사랑하여 선의를 베푼다는 것이 얼마나 힘들겠습니까? 누가 그 일을 하고 싶겠습니까?

그래서 성경은 이것을 싸움이라고 말합니다. 선으로 악을 이기는 것은 싸움입니다. 나 자신과의 싸움입니다. 내 안에 있는 정욕과의 싸움이고, 복수하고 싶은 본능과의 싸움입니다. 보이지 않는 미움의 영과의 싸움입니다. 그렇기 때문에 이 싸움을 하는 자에게는 믿음이 필요합니다. 성경이 이 싸움을 '믿음의 선한 싸움'이라고 한 이유가 이것입니다.

선한 싸움을 하는 자에게는 반드시 두 가지 믿음이 있어야 합니다.

첫째는 하나님의 사랑에 대한 믿음입니다. 그 누구도 그 어떤 것도 하나님의 사랑에서 나를 끊을 수 없다는 믿음입니다.

"누가 우리를 그리스도의 사랑에서 끊으리요 환난이나 곤고나 박해나 기근이나 적신이나 위험이나 칼이랴 기록된 바 우리가 종일 주를 위하여 죽임을 당하게 되며 도살 당할 양 같이 여김을 받았나이다 함과 같으니라 그러나 이 모든 일에 우리를 사랑하시는 이로 말미암아 우리가 넉넉히 이기느니라 내가 확신하노니 사망이나 생명이나 천사들이나 권세자들이나 현재 일이나 장래 일이나 능력이나 높음이나 깊음이나 다른 어떤 피조물이라도 우리를 우리 주 그리스도 예수 안에 있는 하나님의 사랑에서 끊을 수 없으리라"(롬 8:35-39).

둘째는 내가 원수를 사랑하면 하나님이 친히 갚아 주시리라는 믿음입니다.

"… 너희가 친히 원수를 갚지 말고 하나님의 진노하심에 맡기라 …"(롬 12:19).

이 믿음이야말로, 고통스러울 정도로 치열한 영적 싸움에서 우리를 승리하게 할 수 있는 유일한 힘입니다. 아무도 알아주지 않고 누구도 함께하지 않는 외로운 전쟁터에서 홀로 분투하는 것 같을 때, 이 말씀들을 떠올려 보십시오. 거짓말처럼 다시 일어서게 될 것입니다. 어차피 세상은 이해할 수 없는 싸움입니다. 세상은 이 싸움을 이해할 수도 없고, 우리에게 힘을 줄 수도 없습니다. 그렇기 때문에 우리를 다시 일으킬 수 있는 것은 우리를 끝까지 사랑하시는 하나님, 나의 모든 것을 갚아 주시는 하나님, 그 하나님에 대한 믿음뿐입니다.

하나님의 사람은 믿음의 선한 싸움을 싸워야 합니다. 이 믿음의 선한 싸움은 하나님께 속한 사람만이 할 수 있습니다. 사도 바울도 주님을 만난 이후 선한 싸움을 싸우며 달려갈 길에 매진했습니다. 그리고 죽음이 임박한 마지막 순간에 이렇게 고백합니다.

"나는 선한 싸움을 싸우고 나의 달려갈 길을 마치고 믿음을 지
켰으니"(딤후 4:7).

히말라야의 고산족들은 양을 사고팔 때 양의 몸집을 보고 값
을 정하지 않습니다. 양의 행동에 따라 정합니다. 양을 가파른
산비탈에 놓아두고 살 사람과 팔 사람이 함께 지켜봅니다. 이때
양이 비탈 위로 풀을 뜯으러 올라가면 마른 양이라도 값이 오
릅니다. 반면 양이 비탈 아래로 내려가면 값이 내려간다고 합니
다. 위로 올라가려는 양은 당장은 힘이 들더라도 넓은 산허리의
미래를 갖게 되지만, 아래로 내려가는 양은 당장은 수월하나 협
곡 바닥에 이르러서는 굶주려 죽기 때문입니다.

하나님은 믿음의 선한 싸움을 싸우는 모습으로 우리를 평가
하십니다. 사람들은 내가 가진 지식과 물질로 판단하고 평가하
지만, 하나님은 하나님의 사람답게 살아가는 모습으로 평가하
십니다. 그러므로 하나님의 사람답게 악을 악으로 갚지 말고 선
으로 악을 이기십시오. 믿음의 선한 싸움에서 승리하십시오.

영생을 취하라

"영생을 취하라"(12절a).

'영생'은 우리가 예수를 믿음으로 얻게 된 영원한 생명을 말합니다. 많은 사람들이 영생을 영원히 죽지 않고 사는 시간의 개념으로만 이해합니다. 장차 우리가 죽어서 천국에서 누리게 될 것으로만 생각합니다. 그러나 영생은 영원히 사는 것만이 아니라 죄와 죽음의 법에서 해방된 생명을 말합니다.

바울은 하나님의 사람에게 "영생을 취하라"고 말합니다. '취하라'는 말은 '자신의 소유를 만들기 위해 꼭 붙잡다'라는 뜻입니다. 따라서 "영생을 취하라"는 말은 '하나님이 주신 영생을 빼앗기지 말고 누리며 살라'는 것입니다. 영생을 확실하게 붙잡고 있는 자가 영생을 누리며 살 수 있기 때문입니다. 우리는 예수를 믿음으로 이미 영원한 생명을 얻었습니다.

"내가 진실로 진실로 너희에게 이르노니 내 말을 듣고 또 나 보내신 이를 믿는 자는 영생을 얻었고"(요 5:24a).

영생을 소유한 것으로만 만족하지 마십시오. 그 영생을 최대한 누리며 살아야 합니다. 이 땅에서 영생을 누리며 사는 것이 무엇일까요? 지금 이 땅에서 새 생명으로 사는 것입니다. 우리에게는 부모님이 물려준 옛 사람의 생명이 있고, 예수님이 내게 주신 새 생명이 있습니다. 새 생명은 죄와 죽음의 법에서 해방된 생명을 말합니다.

이제 예수님의 생명, 즉 죄와 죽음의 법에서 해방된 그 새 생명으로 살아야 합니다. 영생의 축복을 누리며 살아야 합니다. 이는 하나님과의 친밀함을 누리며 사는 것입니다. 하나님과 교제하며 죽음을 두려워하지 않고 사는 것입니다. 죽음을 이긴 부활의 생명이 우리 안에 있습니다.

하나님의 방법으로

"너, 하나님의 사람아!" 하나님은 오늘 여러분을 '하나님의 사람'이라고 하십니다. 세상 속에서 우리를 구분하여 '나의 사람'이라고 부르십니다. 그리고 선한 싸움을 하라고 명하십니다. 하나님의 사람이 싸우는 싸움은 세상의 것과 다릅니다. 세상의 싸움은 상대방을 무릎 꿇게 만들지만, 선한 싸움은 상대방을 감동시킵니다. 세상의 싸움은 점점 더 높은 곳을 향하지만, 선한 싸움은 필요가 있는 곳을 향합니다. 그렇기에 하나님의 사람은 마음대로 싸우지 않습니다. 그분의 방법대로 싸우고, 그분이 주시는 승리를 얻어냅니다.

하나님은 우리를 지으시고 부르시고 승리케 하시는 분입니다. 여러분은 이 세상 무엇과 바꿀 수도 비교할 수도 없는 바로 그분의 사람입니다. 그 하나님과 함께 전혀 다른 차원의 선한 싸움을 시작합시다.

2부
무엇에 도전하는가

"주의 종이 가서 저 블레셋 사람과 싸우리이다"
(사무엘상 17장 32절)

3
○

내 안의 두려움을 이기다
사무엘상 17장 3-11절

'다윗과 골리앗의 싸움'은 믿음이 없는 사람들도 거의 알고 있을 정도로 유명한 이야기입니다. 어린 소년 다윗이 상식적으로는 절대 이길 수 없는 거대한 장수 골리앗을 이겼기 때문입니다. 그래서 우리는 이길 수 없는 싸움을 표현할 때 '다윗과 골리앗의 싸움'이라고 말하곤 합니다.

이스라엘 vs 블레셋

지금으로부터 3천 년 전, 사울 왕이 이스라엘을 통치하던 시대에 블레셋이 쳐들어 왔습니다. 이스라엘과 블레셋 군대는 엘라 골짜기를 사이에 둔 채 진을 치고 양쪽에서 대치했습니다. 빨리 전쟁을 끝내고 싶었던 블레셋은 군대를 대표하는 한 장수를 내세워 승패를 가리자고 제안했습니다. 이는 고대에서 종종 사용되던 전쟁의 한 방법입니다.

챔피언 골리앗

이때 블레셋이 내세운 장수가 그 유명한 골리앗입니다. 성경은
블레셋 장수 골리앗에 대해 4절부터 7절까지 길게 소개합니다.

> "블레셋 사람들의 진영에서 싸움을 돋우는 자가 왔는데 그의
> 이름은 골리앗이요"(4절a).

23절도 골리앗을 "싸움을 돋우는 가드 사람"이라고 소개합
니다. '싸움을 돋우는 자'란 군대를 대표하여 상대방의 장수와
겨루는 자를 말합니다. 영어 성경은 'champion'(챔피언)으로
번역하는데, 이는 그 군대에서 가장 뛰어난 용사라는 뜻입니다.

어떤 사람들은 다윗이 하나님의 도우심 없이 그의 실력과 힘
만으로 골리앗을 물리쳤다고 믿습니다. 그들은 당시 골리앗이
'말단 비대증'에 걸려 있었다고 말합니다. 말단 비대증은 성장
호르몬이 과잉 분비되어 신체 말단의 뼈가 과도하게 증식함으
로써 손과 발, 코, 턱, 입술 등이 비대해지는 만성 질환입니다.
말단 비대증에 걸린 사람들에게는 특유의 증상이 있습니다. 뇌
하수체 종양이 자라면서 뇌의 시신경을 압박하여 하나의 사물

이 두 개로 보이는 복시 혹은 고도 근시가 그것입니다. 골리앗이 이런 질환을 앓고 있었다는 것입니다.

그들은 골리앗이 다윗과 싸우기 위해 골짜기로 내려올 때 앞을 잘 볼 수 없어 시종을 앞세운 것이나, 자신을 향해 날아오는 물맷돌을 보지 못하여 맞고 쓰러진 것을 예로 듭니다. 일견 그럴듯해 보입니다. 그러나 이는 사실이 아닙니다. 골리앗은 덩치만 크고 싸울 줄 모르는 말단 비대증에 걸린 사람이 아니었습니다. 고도 근시 때문에 제대로 걷지도 보지도 못하는 환자가 아니었습니다. 골리앗은 싸움을 돋우는 자였습니다. 블레셋 군대에서 가장 싸움을 잘 하는 챔피언이었습니다.

"가드 사람이라 그의 키는 여섯 규빗 한 뼘이요"(4절b).

골리앗은 블레셋의 주요 성읍 가운데 하나인 가드 사람입니다. 그곳에는 가나안 초기 원주민 중 거인족이었던 아낙 족속이 살고 있었습니다. 골리앗이 상상할 수 없을 정도로 몸집이 컸던 것도 바로 거인 족속인 아낙의 혈통을 이어받았기 때문입니다.

성경은 골리앗의 키가 여섯 규빗 한 뼘이나 된다고 말합니다. 한 규빗은 팔꿈치에서 손가락 끝까지의 길이로, 약 45.6센티미터입니다. 계산해 보면 골리앗은 약 2미터 97센티미터나 되는 거구였습니다.

> "머리에는 놋 투구를 썼고 몸에는 비늘 갑옷을 입었으니 그 갑
> 옷의 무게가 놋 오천 세겔이며"(5절).

골리앗의 모습을 상상해 봅시다. 3미터에 가까운 거구의 전
사가 놋으로 만든 투구를 쓰고, 청동으로 된 비늘 갑옷을 입고
있습니다. 갑옷의 무게는 무려 5천 세겔이나 됩니다. 5천 세겔
은 약 57킬로그램이니 성인 한 사람의 몸무게 정도입니다. 위
협적일 만큼 커다란 키에 엄청난 무게의 청동 갑옷을 온몸에
두른 거인 골리앗이 지금 이스라엘 군대 앞에 서 있습니다.

> "그의 다리에는 놋 각반을 쳤고 어깨 사이에는 놋 단창을 메었
> 으니 그 창 자루는 베틀 채 같고 창 날은 철 육백 세겔이며 방
> 패 든 자가 앞서 행하더라"(6-7절).

뿐만 아닙니다. 다리에 놋 각반을 차고, 어깨에는 놋으로 된
단창을 메고 있습니다. 베틀 채와 같은 창 자루를 들고 있습니
다. 창날의 무게는 철 6백 세겔, 즉 7킬로그램이나 됩니다. 게다
가 방패 든 자가 앞서 행하며 골리앗을 지키고 있습니다. 머리
부터 발끝까지 완벽하게 무장한 골리앗은 등장만으로도 상대

방을 압도했습니다.

성경이 블레셋 장수 골리앗에 대해 이처럼 자세히 설명하는 이유는 무엇일까요? 그의 큰 키와 엄청난 힘, 장비들의 무게까지 꼼꼼하게 묘사하는 이유는 무엇일까요? 왜 골리앗을 싸움을 돋우는 자, 싸움을 가장 잘 하는 챔피언이라고 소개할까요?

그것은 다윗의 승리가 그의 능력이 아닌 하나님이 도우신 결과임을 분명히 전하기 위해서입니다. 물론 다윗은 잘 준비되어 있었고, 용맹스러운 소년인 것도 사실입니다. 하지만 다윗 자신의 실력과 용맹으로 골리앗을 이긴 것이 결코 아닙니다. 하나님이 다윗과 함께하셨고, 승리하도록 도우셨기 때문에 다윗은 챔피언 골리앗을 이길 수 있었습니다. 성경은 오직 하나님 때문에 다윗이 승리했음을 분명히 선포합니다.

40일간의 조롱

3미터에 가까운 큰 키에 완벽하게 무장한 골리앗이 베틀 채와 같은 창을 들고 서서 이스라엘 군대를 향해 외칩니다.

"너희는 한 사람을 택하여 내게로 내려보내라"(8절b).

"어서 나와 싸울 수 있는 한 사람을 택하여 내게로 내려보내라!"

위풍당당하게 서서 산과 골짜기가 쩌렁쩌렁 울리도록 소리
를 지릅니다.

> "그가 나와 싸워서 나를 죽이면 우리가 너희의 종이 되겠고 만
> 일 내가 이겨 그를 죽이면 너희가 우리의 종이 되어 우리를 섬
> 길 것이니라"(9절).

> "내가 오늘 이스라엘의 군대를 모욕하였으니 사람을 보내어
> 나와 더불어 싸우게 하라"(10절).

하나님이 택하신 이스라엘 백성이 하나님을 알지 못하는 이
방 사람 한 명에게 조롱을 당하고 있습니다. 무려 40일 동안 말
입니다.

> "그 블레셋 사람이 사십 일을 조석으로 나와서 몸을 나타내었
> 더라"(16절).

거대한 장수 골리앗이 40일 동안 아침저녁으로 나타나 사울
과 온 이스라엘 군대를 조롱했습니다. 사울 왕과 이스라엘 군대
는 40일 동안 엘라 골짜기에 주둔한 채 매일 아침저녁으로 골

리앗의 모욕적인 고함을 들어야 했습니다.

골리앗은 싸움을 돋우는 자요, 챔피언입니다. 복싱 선수들은 결정적인 한 방을 노리기 전에 먼저 잽을 던집니다. 그러다 상대가 정신을 못 차리고 휘청거릴 때 결정적인 한 방을 날립니다. 챔피언인 골리앗은 40일 동안 매일 아침저녁으로 이스라엘에게 잽을 던진 것입니다.

문제는 사울과 이스라엘 군인들의 반응입니다. 그들 중 어느 한 사람도 이에 대꾸하지 않았습니다. 40일 동안 하나님의 이름이 엄청난 조롱과 모욕을 당해도 아무도 분노하지 않았습니다. 그저 자신의 목숨만 지키고자 모른 체 했습니다. 못들은 체 했습니다. 40일 내내 멸시를 받다 보니 어느 순간부터는 익숙해져 버렸습니다.

오늘 우리가 그렇습니다. 한국 교회가 그렇습니다. 하나님을 향한 세상의 비난과 멸시와 조롱에 익숙해져 버렸습니다. 치욕에 무감각해졌습니다. 그래서 분노하지 않습니다. 침묵합니다. 거룩하신 우리 주님의 이름이 모독을 당해도 모른 체, 못들을 체 넘어갑니다.

세상의 조롱과 멸시에 익숙해졌습니까? 분노해야 합니다. 애통해야 합니다. 우리의 잘못과 실수로 인해 거룩하신 주님의 이름이 조롱당하면, 가슴을 찢으며 회개하면서 잘못을 바꿔 나가야 합니다. 하지만 부당한 정치권력이나 세상의 권세가 주님의 몸 된 교회와 진리의 말씀을 공격한다면, 결코 침묵해서는 안 됩니다.

정부나 정치 지도자들이 동성애를 합법화하여 창조 질서를 부정하거나 하나님 나라를 대적할 때 외면해서는 안 됩니다. 진리를 지키기 위해 주님의 말씀을 들고 싸워야 합니다. 세상의 진영 논리에 갇혀 침묵하는 것은 하나님의 사람으로서 의롭지 못한 선택입니다.

교회가 세상의 조롱과 멸시에 익숙해질까 두렵습니다. 사울과 온 이스라엘 군대가 그랬던 것처럼 말입니다. 그래서는 이 혼란스런 세상에서 믿음의 선한 싸움을 할 수 없습니다. 우리는 하나님께 속한 하나님의 사람입니다. 하나님의 사람은 그분의 몸 된 교회가 부당하게 공격받거나 진리의 말씀이 왜곡되는 것을 그저 보고만 있지 않습니다.

크게 두려워하니라

골리앗이 이스라엘 군대를 모욕하며 외칩니다.

"덤빌 자가 있으면 내려오라!"

하지만 이스라엘 군대는 싸우려고 나서기는커녕 심히 두려워 떨고 있습니다.

"사울과 온 이스라엘이 블레셋 사람의 이 말을 듣고 놀라 크게 두려워하니라"(11절).

군인들은 물론이고 군대를 지휘하는 사울 왕까지 크게 놀라 두려워 떨고 있습니다. 이쯤 되면 전쟁은 하나마나입니다. 왕부터 시작해서 모든 군인이 패배의식에 사로잡혀 두려움에 떨고 있는데 무슨 전쟁을 할 수 있단 말입니까. 두려움에 사로잡힌 사람은 절대로 싸울 수 없습니다.

하나님은 기드온을 통하여 3백 명의 용사를 선발할 때에도 "누구든지 두려워서 떠는 자는 길르앗 산을 떠나 돌아가라"(삿 7:3)고 말하게 하셨습니다. 그때 무려 2만 2천 명이 집으로 돌아갔습니다. 두려움은 전쟁에서 가장 치명적인 약점입니다. 강하고 담대한 자만이 승리할 수 있습니다. 성경은 우리에게 끊임없이 말합니다. "두려워하지 말라.""강하고 담대한 자가 되라."

두려운 이유, 그리고 담대할 이유

사울 왕과 온 이스라엘 군대가 크게 놀라 두려워 떨었던 이유는 무엇일까요?

첫째, 골리앗의 말을 들었기 때문입니다.

하나님의 사람이여, 도전하라!

"블레셋 사람의 이 말을 듣고 놀라 크게 두려워하니라"(11절b).

산이 쩌렁쩌렁 울리도록 질러대는 골리앗의 외침을 들었기 때문입니다.

"너희는 한 사람을 택해서 내게로 내려 보내라!"

"그가 나와 싸워서 나를 죽이면 우리가 너희의 종이 되겠고, 만일 내가 이겨 그를 죽이면 너희가 우리의 종이 되어 우리를 섬길 것이니라!"

골리앗의 외침은 한순간 사울과 온 이스라엘 군대를 두려움 속으로 몰아넣었습니다. 그렇습니다. 하나님의 사람일지라도 하나님의 음성이 아닌 사탄의 음성, 세상의 음성만 들으면 두려워 떨 수밖에 없습니다.

그러나 삶의 주인이신 하나님의 음성을 듣는 사람은 아무리 큰 풍랑을 만나도 요동치지 않습니다. 사망의 음침한 골짜기를 거닐지라도 두려워하지 않습니다. 인생의 길에서 골리앗 같은 대적을 만나더라도 놀라지 않습니다.

사도행전 27장에 이와 관련된 이야기가 있습니다. 사도 바울을 포함하여 276명을 태운 배가 유라굴로라는 광풍을 만났습니다. 며칠 동안 계속되는 파도와 바람에 구원의 여망이 사라졌습니다. 배에 타고 있던 모든 사람이 절망 속에서 죽음의 순간만을 기다리고 있었습니다. 그때 죄수의 신분으로 끌려가던 바울이 배 한복판에 우뚝 서서 이렇게 외칩니다.

"내가 너희를 권하노니 이제는 안심하라"(행 27:22a).

"여러분이여 안심하라 나는 내게 말씀하신 그대로 되리라고 하나님을 믿노라"(행 27:25).

사도 바울은 구원의 여망이 사라져 버린 자들을 향해, 풍랑 앞에서 두려워 떨고 있는 자들을 향해 외칩니다.
"이제는 안심하라. 여러분이여, 안심하라."
바울이 죽음의 풍랑 앞에서도 평안을 누리며 담대할 수 있었던 이유가 무엇일까요? 하나님의 음성을 들었기 때문입니다.

"내가 속한 바 곧 내가 섬기는 하나님의 사자가 어제 밤에 내 곁에 서서 말하되 바울아 두려워하지 말라 네가 가이사 앞에 서야 하겠고 또 하나님께서 너와 함께 항해하는 자를 다 네게 주셨다 하였으니"(행 27:23-24).

모두가 휘몰아치는 바람과 파도 소리를 들으며 두려워 떨때, 바울은 그 속에서 주님의 세미한 음성을 들었습니다. 거친 풍랑에 압도되지 않고 하늘과 땅을 지으신 분에게, 이 바다와 파도를 다스리는 분에게 마음의 시선을 맞추었습니다. 풍랑 속에서도 어두움 속에서도 말씀 위에 굳게 섰기 때문에, 바울은 삶의 주인 되시고 갈 길을 밝히 보이시는 하나님의 음성을 들을 수 있었습니다.

사울 왕과 온 이스라엘 군대가 크게 놀라 두려워 떨었던 두 번째 이유는, 골리앗만을 보았기 때문입니다.

"이스라엘 모든 사람이 그 사람을 보고 심히 두려워하여 그 앞에서 도망하며"(24절).

'그 사람'은 싸움을 돋우는 자 골리앗입니다. 사울과 온 이스라엘 군대는 3미터에 가까운 거대한 장수 골리앗을 보고 겁에 질렸습니다. 그의 손에 들린 베틀 채와 같은 창과 육중한 청동 갑옷에 완전히 압도되었습니다.

하나님의 사람이 나와 함께 계시며 나를 위해 싸우시는 하나님을 보지 못하고 내 앞에 서 있는 골리앗만을 보면, 두려워 떨 수밖에 없습니다. 내가 만난 풍랑, 나를 미워하고 조롱하는 사람, 내가 당한 수치와 아픔, 내가 처한 상황에만 시선이 사로잡혀 있으면 두려운 것은 당연합니다. 이스라엘 군대가 크게 두려워하며 도망까지 한 이유가 무엇입니까? 시선의 방향이 잘못되었기 때문입니다.

하지만 같은 상황에서 다른 곳을 바라본 사람이 있었습니다. 소년 다윗입니다. 그는 내 앞에 서 있는 골리앗이 아닌 나와 함께하시는 하나님을 보았습니다. 그리고 사울 왕에게 이렇게 말합니다.

"여호와께서 나를 사자의 발톱과 곰의 발톱에서 건져내셨은즉 나를 이 블레셋 사람의 손에서도 건져내시리이다"(37절a).

다윗은 지금껏 무수히 많은 사자와 곰의 발톱에서 나를 건져내신 그 하나님이 지금 블레셋 사람의 손에서도 건져 내실 것을 믿었습니다. 소년 다윗은 나와 함께하시는 하나님, 나를 도우시는 하나님, 나를 위해 싸우시는 하나님을 보았습니다. 그래서 사울 왕과 온 이스라엘 군대가 두려움에 빠져 무력하게 있을 때에도, 만군의 여호와의 이름, 이스라엘 군대의 하나님의 이름으로 골리앗을 향하여 나아갈 수 있었습니다.

"너는 칼과 창과 단창으로 내게 나아 오거니와 나는 만군의 여호와의 이름 곧 네가 모욕하는 이스라엘 군대의 하나님의 이름으로 네게 나아가노라"(45절).

사실 사울 왕과 이스라엘 군인들만 두려움에 떨었던 것은 아닙니다. 마주보며 진을 치고 있던 블레셋 군대에게도 두려움은 있었습니다. 그래서 섣불리 달려들지 못하고 40일 동안 대치한 것입니다.

하지만 사울 왕과 이스라엘 군인들은 그들 안에 있는 두려움을 보지 못했습니다. 그저 바로 앞에서 하나님과 자신들을 모욕하는 골리앗만을 보았습니다. 두려움에 사로잡힌 사람에게는 정작 보아야 할 것들이 보이지 않습니다.

두려움을 이길 힘

두려움은 용사를 가장 무력하게 만드는 요인입니다. 두려워하는 사람은 무엇도 도전할 수 없습니다. 아무것에도 분노하지 못합니다. 오늘 내 앞에 있는 골리앗과 싸울 수 없습니다. 그래서 하나님은 우리에게 끊임없이 말씀하십니다. "두려워하지 말라." 하나님의 사람이 갖는 두려움은 곧 하나님에 대한 불신앙이기 때문입니다.

모세는 가나안에 들어갈 이스라엘 백성들에게 이렇게 말합니다.

"너는 그들을 두려워하지 말라 너희의 하나님 여호와 곧 크고 두려운 하나님이 너희 중에 계심이니라"(신 7:21).

두려움을 이길 힘은 임마누엘 신앙밖에 없습니다.

"보라 하나님은 나의 구원이시라 내가 신뢰하고 두려움이 없
으리니"(사 12:2a).

이사야 선지자는 하나님을 신뢰하면 두려움이 사라진다고
말합니다. "내 안에 있는 두려움들아, 떠나가라!"고 소리친다고
두려움이 사라지지 않습니다. 나의 구원이신 하나님을 신뢰할
때, 두려움은 자연스럽게 물러납니다. 두려워하지 마십시오. 하
나님께 시선을 맞추고 그분의 목소리에 귀를 기울이십시오. 하
나님은 이미 승리하셨습니다. 그리고 언제나 나와 함께하십니
다. 그 하나님에 대한 믿음으로 매일의 일상에서 승리의 기쁨을
누리시기를 주님의 이름으로 축원합니다.

4

○

내 앞의 거인에 맞서다

사무엘상 17장 45-49절

〈행복을 찾아서〉(2006)라는 영화가 있습니다. 오랫동안 사람들에게 감동과 울림을 준 이 영화는 크리스 가드너(Chris Gardner)라는 한 남자의 실제 이야기를 담고 있습니다. 어린 시절, 크리스 가드너는 계부의 폭력에 시달렸습니다. 이후 세일즈맨으로 일하며 가까스로 결혼했지만, 벗어날 수 없는 생활고에 시달리던 아내는 아들을 두고 가출하고 말았습니다. 이후 그는 아들과 노숙자 생활을 전전해야 했습니다. 하지만 그는 주저앉지 않았습니다. "나는 노숙자(Homeless)이지만 희망이 없는 것(Hopeless)은 아니다"라며, 어떤 상황에서도 어머니의 유일한 유산인 기도만은 잊지 않았습니다.

그는 무급으로 인턴 생활을 하면서도 매일 2백 명 이상의 고객에게 전화하는 목표를 지켜 나갔습니다. 그의 성실함을 지켜본 고객의 추천으로 당시 월가에서 최고의 투자 회사였던 베어 스턴스(Bear Stearns & co.)에 입사하게 되었고, 이후 각고의 노력 끝에 크리스토퍼 가드너 인터내셔널 홀딩스(Christopher Gardner International Holdings)의 창업자이자 최고경영자가 되어 억만장자의 대열에 합류했습니다.

인생의 밑바닥에서도 희망을 잃지 않고 담대하게 꿈을 향해 도전했던 크리스 가드너는 한 언론사와의 인터뷰에서 이렇게 말했습니다. "노숙자의 삶을 살 때나 CEO의 삶을 살 때나 항상 저는 교회에 있었습니다. 항상 하나님을 바라보았고, 그 하나님이 주실 꿈을 바라보았고, 항상 기도했습니다."

"문제뿐이라 생각하는 인생은 곧 기회뿐인 인생이다"라는 그의 인생 철학은 마치 골리앗 앞에 선 이스라엘 군대에게 던지는 도전 같습니다. 문제에 직면했을 때가 오히려 하나님이 가장 가까이 계실 때임을 믿는 사람은 결코 두려움에 압도되지 않습니다. 주님의 능력을 선포할 수 있는 기회라 여기고 담대히 맞설 수 있습니다. 바로 다윗이 그런 믿음으로 나아갔습니다.

그때 그곳으로 그를 보내시다

엘라 골짜기를 사이에 두고 이스라엘과 블레셋 군대가 대치하고 있을 그때, 블레셋의 챔피언 골리앗이 이스라엘과 그들의 하나님을 능욕하고 있던 그곳을, 소년 다윗이 방문합니다. 이는 하나님의 섭리입니다. 하나님이 그때 그곳으로 그 사람 다윗을 보내셨습니다.

이새의 여덟 번째 아들이자 막내아들 다윗은 베들레헴에서 아버지의 양을 치던 열일곱 살 목동이었습니다. 어린 다윗이 그 살벌한 전쟁터에 간 이유는 간단합니다. 참전 중인 세 형의 안부를 묻기 위해 아버지의 심부름을 간 것입니다.

아버지가 싸 주신 볶은 곡식과 떡, 치즈를 들고 소년 다윗이 긴장감 도는 이스라엘의 진영 안으로 들어옵니다. 그곳에서 거인 골리앗을 봅니다. 그리고 이스라엘을 향한 그의 비난과 경멸을 듣습니다.

"형들에게 문안하고 그들과 함께 말할 때에 마침 블레셋 사람의 싸움 돋우는 가드 사람 골리앗이라 하는 자가 그 전열에서 나와서 전과 같은 말을 하매 다윗이 들으니라"(22b-23절).

뿐만 아닙니다. 이스라엘 군대가 골리앗에게 압도되어 두려움에 떨며 도망하는 모습을 봅니다. 그리고 여기서부터 역사가 시작됩니다. 다윗이 이 전쟁터로 온 것, 이러한 상황을 보고 들은 것은 결코 우연이 아닙니다. 일련의 모든 과정을 인도하신 하나님의 섭리입니다.

사실 다윗은 이미 사무엘 선지자에게 왕으로 기름 부음을 받았습니다. 하지만 누구도 그를 왕으로 인정해 주지 않았습니다. 그의 아버지와 형제들도 마찬가지입니다.

하나님은 이곳에서 다윗과 골리앗의 싸움을 통해 다윗이 이스라엘 왕이 될 것을 공식적으로 드러내려고 하십니다. 이 전투에서 다윗이 골리앗을 무너뜨리고 이스라엘을 승리로 이끈다면, 사울 왕을 제외한 모든 백성은 다윗을 이스라엘의 진정한 지도자로 인정할 것이기 때문입니다.

다윗은 아버지의 심부름을 가면서 자신을 이스라엘 왕으로 세우시려는 하나님의 놀라운 섭리를 알았을까요? 전혀 몰랐습니다. 다윗은 그저 아버지의 말씀에 순종했을 뿐입니다. 평소대로 작은 일에 충성한 것입니다. 그런데 그 순종이, 그 작은 충성이 하나님의 뜻을 이루는 일의 시작이 되었습니다.

성경에 브리스길라와 아굴라라는 부부가 나옵니다. 이들은 로마에서 살다가 단지 유대인이라는 이유로 추방당해 고린도에 와서 정착하게 되었습니다. 도무지 납득할 수 없는 이유로 고향을 떠나왔기에 너무나 억울했습니다. 하지만 장막 짓는 일을 하다가 하나님의 사람 바울을 만났고, 그를 통해 복음을 들었습니다. 이후 부부는 자신의 집을 예배 처소로 제공했고, 에베소 교회의 지도자가 되었습니다. 그들은 평생 복음을 위해 살았던 가장 아름다운 부부로 성경에 기록되어 있습니다. 만일 이 부부가 로마에서 추방되지 않았다면, 고린도에서 장막 만드는

하나님의 사람이여, 도전하라!

직업을 갖지 않았다면, 사도 바울을 만나 복음을 들을 수 있었을까요? 그들이 지나온 삶의 마디들, 어떻게 보면 억울하고 어떻게 보면 우연인 것 같은 그 순간들이 모두 하나님의 섭리였습니다.

요셉의 인생 역시 마찬가지입니다. 요셉은 형들에게 미움을 받고 애굽에 종으로 팔려 갔습니다. 보디발 아내의 유혹을 단호하게 물리쳤음에도 억울하게 누명을 쓰고 옥에 갇혔습니다. 하지만 이 일로 인해 애굽의 국무총리가 되었고, 흉년으로부터 자기 가족들을 구원해 냈습니다.

우리 인생도 마찬가지입니다. 우리가 당하는 아픔 속에도, 억울함 안에도, 일상적인 만남 가운데도 미처 다 이해할 수 없는 하나님의 섭리가 있습니다. 하지만 우리는 결과를 보기 전에는 그분의 섭리를 알 수 없습니다. 그래서 순간순간 원망합니다. 불평합니다. 좌절합니다. 삶이 지루하고 고통스럽게 느껴질 때, 내 삶이 하나님의 섭리 가운데 있다는 것을 이해하기란 쉽지 않습니다. 하지만 뒤를 돌아보십시오. 믿음의 눈을 들어 지난 삶의 여정을 떠올려 보십시오. 그러면 내 삶을 지켜온 하나님의 섭리가 보일 것입니다. 내 삶은 무의미한 일상의 나열이 아니라 하나님이 그리시는 섭리의 연속임을 알 수 있을 것입니다.

저는 영적 사춘기 때 가정 예배를 드리는 시간이 가장 힘들었습니다. 밤만 되면 아버지가 가족들을 불러 모아 가정 예배를 드리는데, 그때 아버지의 기도가 너무 길게 느껴졌습니다. 믿음의 가정에서 이런 속박을 받아야 되는 것이 힘들었습니다. 하지만 신학을 공부하고 목회자의 길을 걸으면서, 바로 그 시간이 저에게 가장 큰 영적 자산이었다는 것을 알게 되었습니다.

학교를 졸업하고 서울 모 교회에서 전도사 생활을 시작했습니다. 사실 그때는 그 교회에서 배울 만한 것이 많지 않다고 생각했습니다. 하지만 그곳에서 아내를 만났습니다. 훗날 '하나님이 아내를 만나게 하려고 이곳에 보내셨구나' 하고 귀한 섭리를 깨달았습니다. 그리고 내 판단을 내려놓고 하나님이 행하시는 일에 겸손하게 순종하게 되었습니다.

내 삶의 모든 만남과 상황 속에서 믿음의 눈으로 하나님의 섭리를 바라볼 수 있어야 합니다. 지금 겪고 있는 고난이 이해되지 않아도, 모든 것이 합력하여 선을 이루는 하나님의 주권적 섭리를 믿는다면 감사할 수 있습니다. 하나님의 섭리를 온전히 믿는 사람은 좌절하지 않습니다. 넘어져도 다시 일어나 도전합니다.

당시 다윗은 알지 못했지만, 그가 그곳에 간 것은, 그리고 골리앗을 만난 것은 하나님의 특별한 섭리였습니다.

오늘 행하시는 하나님

이스라엘 진영에서 거인 골리앗을 보고 그의 입에서 나오는 조롱과 모욕을 들은 다윗은 어떻게 했습니까? 다른 군인들처럼 골리앗에게 압도되어 도망했습니까? 그는 마음에 거룩한 분노를 품었습니다. 오히려 살아 계시는 하나님의 군대를 모욕하는 저 골리앗과 싸우겠다고 다짐했습니다.

다윗의 형 엘리압이 화를 내며 그를 만류한 것은 당연합니다. 사울 왕 역시 "너는 아직 소년이기 때문에 저 블레셋의 용사와 싸울 수 없다"고 말했습니다. 하지만 다윗은 왕이 주는 모든 갑옷을 벗어 버립니다. 막대기를 들고 시내에서 매끄러운 돌 다섯 개를 골라 주머니에 넣고는 물매를 가지고 골리앗을 향해 나아갑니다.

다윗이 골리앗 앞에 나아가는 모습을 성경은 이렇게 표현합니다.

"너는 칼과 창과 단창으로 내게 나아 오거니와 나는 만군의 여호와의 이름 곧 네가 모욕하는 이스라엘 군대의 하나님의 이름으로 네게 나아가노라"(45절).

보십시오. 두 사람의 무기는 차원이 다릅니다. 골리앗은 거대한 신체 조건과 힘을 겸비했고, 칼과 창과 단창으로 무장하며 싸울 준비를 마쳤습니다. 하지만 다윗의 무기는 만군의 여호와의 이름이었습니다. 막대기와 물매와 물맷돌을 들고 있었지만, 사실 다윗이 가지고 나아갔던 무기는 다름 아닌 만군의 여호와의 이름입니다. 다윗의 무기가 물맷돌처럼 보이기도 합니다. 하지만 만군의 여호와의 이름으로 나아갔기에 그 물매와 물맷돌이 위력을 발휘할 수 있었습니다.

"오늘 여호와께서 너를 내 손에 넘기시리니 내가 너를 쳐서 네 목을 베고"(46절a).

오늘입니다. 다윗은 여호와께서 오늘 행하실 것을 믿었습니다. 승리의 시점을 내일이 아닌 지금 이 순간으로 보았습니다. 하나님이 지금 나와 함께하심을 확신했기 때문입니다. 그렇습니다. 하나님은 오늘 나를 위해 싸워 주십니다. 내 앞에 어떤 골리앗이 있습니까? 그 골리앗과의 싸움을 위해 하나님은 지금 나와 함께하십니다. 오늘 행하십니다. 그 하나님에 대한 믿음이 우리를 삶의 전쟁에 설 수 있게 합니다.

이해할 수 없는, 그러나 완전한 승리

알다시피 다윗과 골리앗의 싸움은 너무나 싱겁게 끝났습니다. 다윗은 다가오는 골리앗을 두려워하지 않고 만군의 여호와의 이름으로 달려가며 돌을 던집니다. 그랬더니 어떤 일이 벌어졌습니까?

> "손을 주머니에 넣어 돌을 가지고 물매로 던져 블레셋 사람의 이마를 치매 돌이 그의 이마에 박히니 땅에 엎드러지니라"(49절).

목동 다윗은 양떼를 노리는 사자와 곰의 습격이 있을 때마다 맹수들의 급소를 정확히 맞추며 물러서지 않았습니다. 이번에도 마찬가지입니다. 물맷돌이 골리앗의 이마에 정확히 박혔습니다. 순간 블레셋의 챔피언이 땅바닥에 엎드러집니다. 상식적으로 이해할 수 없는 일이 벌어졌습니다. 계란이 바위를 깨뜨렸습니다. 다윗은 즉시 달려가 골리앗의 목을 밟고, 그의 칼집에서 칼을 빼 목을 베어 버립니다. 그리고 머리를 들어 올립니다.

> "다윗이 달려가서 블레셋 사람을 밟고 그의 칼을 그 칼 집에서 빼내어 그 칼로 그를 죽이고 그의 머리를 베니 블레셋 사람들

이 자기 용사의 죽음을 보고 도망하는지라"(51절).

발로 밟는다는 것은 완전한 승리를 말합니다. 블레셋 군인들은 자신들이 그토록 믿었던 골리앗이 어린 소년에게 속절없이 패배하는 순간 큰 두려움에 휩싸여 도망치기 시작했습니다. 다윗과 골리앗의 싸움은 너무나 쉽게 다윗의 승리로 끝났습니다.

1993년 5월, 고고학자들이 팔레스타인 지역에서 발굴 작업을 하던 중 이마에 돌이 박혀 있는 거인의 해골을 발견했습니다. 이마의 좌우 거리를 측정해 키를 계산해 본 결과 그 키가 2미터 90센티미터에 이르는 거인임이 밝혀졌고, 연대를 측정해보니 기원 전 1천 년 경 다윗 시대에 죽은 것으로 추정된다고합니다. 확신할 수는 없지만, 어쩌면 이 유골의 주인은 다윗에게 죽임을 당한 골리앗일지도 모릅니다.

지금 내 앞에 서 있는 거인

중요한 것은 다윗에게만 골리앗이 있지 않다는 사실입니다. 이시대를 살아가는 우리에게도 골리앗이 있습니다. 내 힘으로 해결할 수 없는 문제가 내 인생의 골리앗입니다. 끊이지 않는 어려움, 답이 보이지 않는 난감함, 의도치 않게 꼬이기만 하는 관계, 아무도 갚아 주지도 알아주지도 않는 억울함 등이 내 인생의 골리앗입니다.

지금 우리 앞에는 여러 모습으로 변형된 골리앗이 버티고 서 있습니다. 하나님의 존재를 부정하는 과학과 문명, 갈수록 음란해지는 타락한 문화, 하나님 나라를 대적하며 창조 질서를 무너뜨리는 거대한 정치권력, 하나님의 이름을 모독하며 온갖 두려움에 떨게 만드는 악한 세력들이 바로 우리 앞에 있는 골리앗입니다. 보다 구체적으로 생각해 봅시다. 어떤 이에게는 관계의 아픔이, 또 어떤 이에게는 당장 해결해야 하는 경제적인 어려움이, 생각지 못한 질병이, 끊어 버리지 못한 옛 습성이 인생의 골리앗일 수 있습니다. 자녀의 문제, 부부간의 문제, 부모의 문제, 실직에 대한 두려움 역시 지금 내가 당면한 골리앗일 수 있습니다.

『골리앗 끝장내기』(두란노, 2018)라는 책을 쓴 루이 기글리오(Louie Giglio)는 여러 사역에서 성공을 거두었음에도 극심한 불안 장애에 시달렸습니다. 그는 이 책을 통해 자신의 분투를 솔직하게 고백하며, 현대인들에게는 다섯 가지 골리앗이 있다고 말합니다. 그것은 두려움과 거절감, 안일함, 분노, 중독입니다.

오늘 여러분의 행복과 평안을 빼앗는 골리앗은 누구입니까? 여러분에게 두려움을 안기고 삶을 좌절하게 만드는 골리앗은 무엇입니까? 중요한 것은, 골리앗이 다윗 앞에 서 있었던 것처럼 지금 우리 앞에도 버티고 서 있다는 사실입니다.

오늘 나의 골리앗을 향하여 도전하라

이제 나의 골리앗을 바라봅시다. 외면하지 말고 두려워하지 말고 맞서서 나아갑시다. 하지만 자기만의 골리앗에 맞서는 사람들은 그리 많지 않습니다. 싸움보다 체념을 택하는 사람들이 많습니다. 루이 기글리오의 말처럼, 너무나 많은 사람이 이렇게 생각해 버리고 맙니다. '이길 재간이 없는데 뭐 하러 힘을 빼. 적당히 살자, 다들 그러고도 잘 살잖아.' 더 큰 문제는 사람들이 도리어 골리앗과 친해지기를 원한다는 것입니다. 그러나 하나님의 사람은 골리앗을 외면하지 않습니다. 일어나 맞서 앞으로 나아갑니다. 도전합니다.

『정상에서 만납시다』(산수야, 2008)의 저자 지그 지글러(Zig Ziglar)가 가정 예배를 드릴 때의 일입니다. 지글러가 아이들에게 말했습니다.

"애들아! 키가 3미터나 되는 장군 골리앗이 있었단다. 그가 이스라엘에 쳐들어와 전쟁을 하자고 외쳤지. 이스라엘 백성들은 너무 무서워 나무 뒤에, 숲속에, 굴속에 숨었단다. 이스라엘이 바람 앞의 등불처럼 꺼져 가고 있을 때 열일곱 살밖에 안 된 소년 다윗이 용감하게 싸우러 나갔단다."

갑자기 아들이 끼어들었습니다.

"아빠! 다윗이 용감한 것이 아니라 골리앗이 용감하네요."

지글러는 의아해하며 물었습니다.

"얘야! 다윗이 용감하지 어째서 골리앗이 용감하니?"

"아빠! 소년 다윗은 아무리 작아도 하나님이 함께하시니까 나가서 싸우는 게 당연하죠. 하지만 골리앗은 아무리 커도 하나님이 함께하시지 않는데 자기만 믿고 싸우려 하니 얼마나 용감해요?"

중요한 것은 하나님과 함께 싸우는가, 혼자 싸우는가입니다. 하나님과 함께하는 사람은 두려워하지 않습니다. 맞설 수 있습니다. 도전할 수 있습니다.

기독교의 기본 명령은 "Do!"(하라)입니다. "Do Not!"(하지 말라)이 아닙니다. 많은 사람들이 '무엇을 하지 않는 것'이 기독교의 정신이라고 생각합니다. '무엇을 하지 말라'는 십계명의 율법만 생각하고, 아무것도 하지 않고 예배를 드리는 것만으로 주일성수를 했다고 생각합니다. 그러나 도리어 선을 행하고 하나님을 예배하는 것이 더 중요합니다. 어둠의 길을 가지 않는 것도 중요하지만, 빛의 길을 가는 것이 더 중요합니다. 세상 속에서 소금과 빛의 사명을 감당하며 사는 것이 더 중요합니다.

지금 내 앞에 골리앗이 있습니까? 두려워하지 마십시오. 나를 이 골리앗과 만나게 하신, 그리고 기필코 이 전쟁을 승리로 이끄실 하나님의 섭리를 기억하십시오. 그리고 다윗처럼 하나님이 주신 물맷돌을 가지고 만군의 여호와의 이름으로 골리앗을 향해 도전하십시오. 도전하면, 내 앞에 있는 골리앗이 먼지를 내며 쓰러지는 모습을 보게 될 것입니다. 도전하면, 역전의 은혜를 경험하는 짜릿한 순간을 맞이할 것입니다. 지금 내 앞에 있는 골리앗이 내 인생에 놀라운 성공의 기회가 될 것입니다. 하나님의 살아 계심을 드러내는 축복의 기회가 될 것입니다. 루이 기글리오의 말처럼, 우리는 싸우지 않아서 지는 것입니다.

지금 이 순간, 두려워 말고 골리앗을 향하여 도전하십시오! 다윗처럼 여호와의 이름으로 나아가십시오! 내 앞에 있는 골리앗이 아무리 커 보여도, 내 인생의 엘라 골짜기에 주님이 함께 하신다면 반드시 물리칠 수 있습니다. 세상을 이기신 주님은 골리앗보다 훨씬 더 크신 분입니다.

사도 요한은 이렇게 외쳤습니다.

"너희 안에 계신 이가 세상에 있는 자보다 크심이라"(요일 4:4b).

세상에 있는 자 골리앗보다 크신 주님이 지금 우리 안에 계십니다. 그러니 담대한 믿음으로 골리앗과의 싸움을 시작하십시오. 도전하십시오. 침노하는 자에 의해 하나님 나라가 확장되듯이, 도전하는 자에 의해서 골리앗이 무너질 것입니다.

5

○

나와의 싸움에서 승리하다

사무엘상 17장 28-33, 51절

시각 장애인, 풍비박산 난 가정, 도무지 희망이 없을 것 같은 인생…. 그러나 하나님의 오묘한 섭리는 참으로 놀라웠습니다. 그는 자신과의 싸움에서 승리하며 연세대 학사, 미국 피츠버그대 교육학 석사, 노스이스턴 일리노이대 교수를 거쳐, 2001년 조지 부시 대통령 정부에서 백악관 국가장애위원회 정책 차관보로 일했습니다.

뿐만 아니라 2006년에는 세계를 빛낸 127인의 위인으로 선정되어 루스벨트 홍보센터 강당의 기념 의자에 그의 이름이 기록되었습니다. 타이틀이 중요한 것이 아닙니다. 주님이 함께하시면 능치 못할 일이 없음을 굳건히 믿고 그 믿음대로 행한 한 사람으로 인해, 장애에 대한 편견에 사로잡힌 철옹성 같은 세상의 문이 열린 것입니다. 고(故) 강영우 박사의 이야기입니다.

그의 롤 모델은 사도 바울이었습니다. 바울은 선교 여행을 다니며 목숨이 위태로울 정도로 갖은 고생을 했지만, 오히려 그것을 복음 전하는 과정으로 여기며 기쁘게 감당했습니다. 강영우 박사는 그런 바울의 삶에 큰 도전을 받았습니다. 그리고 세상의 편견과 장벽 때문에 견딜 수 없는 아픔을 겪을 때마다 주님을 의지하며 싸워 나갔습니다. 고난을 오히려 기회로 삼은 그는 마침내 믿음으로 하나님의 섭리를 보게 되었습니다. 세상에 선한 영향력을 발휘하는 지도자로 세우시려는 하나님의 섭리 가운데, 그는 평생을 도전하며 살았습니다.

고난 가운데 있을 때는 이해할 수 없지만, 바로 그 현장에서 믿음으로 분투하다 보면 모든 게 주님의 일하심임을 감사로 고백하게 됩니다. 이렇게 우리는 내 삶의 모든 만남과 상황 속에서 믿음의 눈으로 하나님의 섭리를 볼 수 있어야 합니다.

적장이 무너지다

다윗은 고개를 숙여 시내에서 매끄러운 돌 다섯 개를 골랐습니다. 그리고 그것들을 주머니에 넣은 다음 막대기와 물매를 들고 블레셋 거인을 향해 나아갔습니다. 그러나 다윗이 믿고 의지한 것은 막대기와 돌멩이가 아닙니다. 그는 오직 만군의 여호와의 이름으로 나아갔습니다. '오늘 여호와께서 너를 내 손에 넘기시리니 내가 너를 쳐서 네 목을 벨 것'(46절a)이라는 확신을 가지고 골리앗 앞으로 한 걸음 한 걸음 다가섰습니다.

한 소년이 거인을 향해 뚜벅뚜벅 걸어갑니다. 갑옷도 창도 검도 없습니다. 그의 손에 들린 막대기와 물매가 보이는 무기의 전부입니다. 방패 든 자를 앞세운 거인도 소년에게 성큼성큼 다가갑니다. 청동 갑옷에 창과 검으로 무장한 그가 한 걸음 한 걸음 옮길 때마다 땅이 울립니다. 하지만 승패는 싱겁게 끝이 납니다. 소년은 자신에게 걸어오는 거인을 향해 달려가며 돌 하나를 꺼내 던집니다. 물맷돌이 정확히 거인의 이마에 박히고, 3미터나 되는 거구가 먼지를 일으키며 그 자리에 엎어집니다. 순식간에 벌어진 일입니다. 싸움은 이미 끝났습니다. 소년은 즉시 달려가 거인의 목을 밟고, 그의 칼집에서 칼을 빼 목을 벱니다. 그리고 거인의 머리를 치켜듭니다. 다윗이 이겼습니다. 챔피언 골리앗이 졌습니다.

"블레셋 사람들이 자기 용사의 죽음을 보고 도망하는지라"(51절b).

자신들의 영웅이자 용사 중의 용사였던 골리앗이 황망히 쓰러지자 블레셋 군인들은 서둘러 도망치기 시작합니다. 전세가 순식간에 역전되었습니다. 이스라엘 병사들은 도망치는 블레셋 군인들을 추격해 죽이고, 블레셋의 진에서 노획물을 취하기 시

2부 무엇에 도전하는가

작합니다. 다윗의 승리는 다윗 한 사람의 승리가 아닌 온 이스라엘의 승리가 되었습니다. 마찬가지로 블레셋을 대표하던 골리앗의 죽음은 블레셋 전체의 패배가 되었습니다.

이런 전쟁의 원리는 영적 전쟁에 있어서도 동일합니다. 영적 싸움을 할 때 가장 중요한 것이 무엇입니까? 상대 적장을 무너뜨리는 것입니다. 그러면 그 전쟁은 이미 끝난 것과 다름 없습니다.

지도자를 조준하다

제가 국민학교(지금의 초등학교)에 다닐 때 해마다 가을 운동회가 열렸습니다. 그때는 학교에서 운동회 열리는 날이 동네 잔칫날이었습니다. 어디서 그리 많은 사람들이 나왔는지 운동장이 가득 찼습니다. 특히 청군과 백군으로 나뉘어 열띤 응원전을 벌이며 기선 제압을 하던 장면은 지금도 생생합니다. 단체 경기인 줄다리기와 피날레를 장식하는 박 터트리기까지 정말 시간 가는 줄 몰랐습니다. 그중 백미는 단연 기마전이었습니다.

기마전은 두세 사람이 앞에 선 사람의 어깨에 팔을 걸어 말을 만들고, 거기에 한 사람이 올라타 다른 말을 탄 사람과 겨루는 놀이입니다. 상대 팀의 대장을 넘어뜨리거나 그 대장이 쓰고 있는 모자를 뺏는 것에 승패가 결정됩니다. 때문에 말 역할을 많은 사람들은 대장을 지키기 위해 몇 겹으로 에워싸 방어하며 치열하게 몸싸움을 펼칩니다.

사탄의 공격 전술은 기마전과 유사합니다. 사탄의 공격 목표는 지도자입니다. 한 나라의 대통령과 정치, 경제, 군사, 문화 등 각 영역에 있는 지도자들의 생각을 틈타고 들어가 그들을 통제하고 조종하려 합니다. 사도 바울은 영적 싸움의 대상을 말하면서 "통치자들과 권세들과 이 어둠의 세상 주관자들"(엡 6:12)이라고 했습니다.

역사를 보십시오. 로마 황제가 얼마나 기독교를 박해했습니까? 지금 중국의 시진핑 주석이 얼마나 주님의 교회를 박해하고 있습니까? 요 몇 년 사이 중국에 있는 대부분의 선교사들이 추방되었습니다. 교회를 철거할 뿐만 아니라 교회 안에 CCTV까지 설치해서 성도들을 감시하고 있습니다.

북한의 독재 정권도 북한 땅에 있던 3천여 교회를 사라지게 했습니다. 한 논문에 의하면 한국전쟁이 끝난 후 현재까지 북한에서 순교한 그리스도인이 3만 명이 넘는다고 합니다. 사탄은 때로는 진영 논리와 지역감정을 조장하여 국민을 분열하게 만들고, 차별 금지법을 만들어 동성애를 합법화하여 창조 질서를 무너뜨리려고 합니다. 이렇듯 악한 영은 지금도 이 땅의 지도자들을 통하여 하나님 나라의 확장을 방해하고, 이 땅의 교회를 무너뜨리기 위해 이런저런 방법으로 강력하게 역사하고 있습니다.

예수님이 인간의 몸을 입고 이 세상에 오셨을 때, 사도 바울이 이방인들에게 나아가 복음을 전할 때, 가장 심하게 방해하고 박해를 일삼은 이들이 누구입니까? 바로 유대 종교의 지도자들입니다.

사탄의 목표는 언제나 지도자입니다. 주님의 몸 된 교회를 무너뜨리려고 할 때도 가장 먼저 그 교회의 지도자인 목회자를 공격합니다. 목사가 무너지면 성도들도 함께 넘어지기 때문입니다. 주변을 보십시오. 사탄의 공격으로 넘어지고 탈진한 목회자들이 얼마나 많습니까.

때문에 교회 안에는 사탄의 공격을 무력화할 수 있는 중보기도 특공대가 필요합니다. 우리 교회도 저를 위해 기도하는 기도의 용사들이 많습니다. 요일별로 교회에 나와서 기도하는 중보팀이 있고, 새벽마다 교회와 나라와 목회자를 위해 기도하는 많은 성도들이 있습니다. 하지만 지금보다 더 많은, 더 강력한 중보자들이 필요합니다.

적은 내부에

다윗이 거룩한 분노를 품고 골리앗을 향해 나아가려 할 때 그를 말리던 이들이 있었습니다. 전쟁터에 있던 다윗의 큰형 엘리압입니다.

> "큰형 엘리압이 다윗이 사람들에게 하는 말을 들은지라 그가
> 다윗에게 노를 발하여 이르되 네가 어찌하여 이리로 내려왔느
> 냐 들에 있는 양들을 누구에게 맡겼느냐 나는 네 교만과 네 마
> 음의 완악함을 아노니 네가 전쟁을 구경하러 왔도다"(28절).

엘리압은 다윗이 골리앗과의 싸움에 관심을 보이자 화를 냅
니다. 이에 대한 히브리어 표현을 살펴보면 '코에서 뜨거운 바
람을 내뿜을 정도로 화가 심하게 난 상태'를 가리킵니다. 그는
이렇게 호통을 칩니다.

> "… 네가 어찌하여 이리로 내려왔느냐 들에 있는 양들을 누구
> 에게 맡겼느냐 …"(28절).

무슨 뜻입니까? '너는 들에서 양이나 치는 목동에 불과한데
왜 이곳에까지 와서 설쳐대느냐'는 말입니다. 한마디로 '말도
안 되는 소리 하지 말라'는 것입니다. 심지어 "나는 네 교만과
네 마음의 완악함을 아노니"(28절b)라고까지 말합니다. 하나님
의 이름을 모욕하는 골리앗의 말을 듣고 거룩한 분노를 느끼며
흥분해 있는 동생에게 건방지고 고집스럽다며 불같이 화를 내

고 있습니다.

엘리압이 이렇게까지 화를 내며 다윗을 책망하는 이유는 무엇일까요? 나이 어린 동생의 실수로 전투에서 피해를 입거나 자신의 가문이 사람들의 입에 오르내리는 것이 염려되었기 때문일까요? 아닙니다.

형 엘리압은 동생 다윗이 선지자 사무엘에 의해 이스라엘의 왕으로 기름 부음 받았음을 이미 알았습니다. 그렇다면 다른 사람은 몰라도 그는 다윗을 장차 이스라엘의 왕이 될 사람으로 인정해야 합니다. 그러나 그렇게 하지 않았습니다. 자신이 큰아들임에도 왕으로 기름 부음을 받지 못한 것에 대한 아쉬움과 동생에 대한 시기가 남아 있었습니다. 그 때문에 다윗을 더 호되게 책망하고 화를 낸 것입니다.

적은 언제나 내부에 있습니다. 예수님도 "사람의 원수가 자기 집안 식구리라"(마 10:36)고 말씀하셨습니다. 영적 전쟁을 방해하는 원수는 멀리 있지 않습니다. 가족 중에 있습니다. 교회 안에 있습니다. 우리 주변에서 일어나는 교회 분쟁을 봐도 진리 문제로 싸우는 경우는 별로 없습니다. 안타깝게도 많은 교회가 골리앗과 싸우기보다 주님의 몸 된 공동체를 함께 섬기는 성도들끼리 싸웁니다.

오늘날 적지 않은 교회가 골리앗과는 한번 맞서 보지도 못하고 교회 안의 엘리압과 싸우느라 탈진해 있습니다. 기억하십시

하나님의 사람이여, 도전하라!

오. 우리의 대적은 골리앗이지 엘리압이 아닙니다. 우리가 골리앗이 아닌 엘리압과 싸우는 것은 사탄의 추악한 계략입니다.

사탄은 하나님이 다윗과 함께하신다는 것을 알았습니다. 골리앗과 싸우면 당연히 다윗이 이길 것을 알았습니다. 그래서 처음부터 싸움조차 못하게 하려고 한 것입니다. 우리가 늘 비본질적인 문제를 가지고 서로 싸우는 것, 바로 이것이 사탄의 전략임을 잊지 마십시오.

다윗이 골리앗을 향해 나아가고자 할 때 또 다른 방해물이 나타났습니다.

다름 아닌 사울 왕입니다. 사울 왕은 다윗을 인정하고 칭찬하기는커녕 오히려 그를 깎아내립니다.

"사울이 다윗에게 이르되 네가 가서 저 블레셋 사람과 싸울 수 없으리니 너는 소년이요 그는 어려서부터 용사임이니라"(33절).

'소년'과 '용사'라는 표현의 대조를 통해서도 알 수 있듯, 사울은 어리고 전쟁 경험도 없는 다윗이 블레셋 사람과 싸울 수 없다고 확신했습니다. 한마디로 '너는 안 된다'는 것입니다. 사탄은 사울 왕의 부정적인 생각을 통하여 다윗의 사기를 꺾어 놓으려 했습니다. 사탄이 사용하는 전략은 이렇게 교묘하고, 열

심히 일하는 주의 일꾼을 맥 빠지게 합니다.

먼저 나 자신을 이겨라

골리앗에게 도전하려 했던 다윗은 형 엘리압과 사울 왕의 영적 방해에 부딪힙니다. 형에게 '너는 목동이니 양떼나 칠 것이지 왜 여기까지 와서 설쳐대느냐'는 핀잔을 받습니다. 교만하고 완악하다는 인격적 모독까지 듣습니다. 하지만 다윗의 반응은 의연합니다.

> "다윗이 이르되 내가 무엇을 하였나이까 어찌 이유가 없으리이까 하고 돌아서서 다른 사람을 향하여 전과 같이 말하매 백성이 전과 같이 대답하니라"(29-30절).

"제가 무엇을 잘못했습니까? 그저 한마디 물어본 것 아닙니까?"하고 되물으며 다른 사람들과 골리앗에 맞서 싸우는 문제에 대해 대화를 계속합니다.

다윗은 형에게 분노하지 않았습니다. 싸움을 크게 만들지 않았습니다. 만일 다윗이 마음을 다스리지 못하고 그 자리에서 대들었다면 어떻게 되었을까요? 평정심을 유지한 채 골리앗을 향해 담대히 나아가 싸울 수 있었을까요? 아마 형제간의 싸움이라는 추한 모습만 남기고, 모든 힘을 소진한 채 초라한 모습으로 집으로 돌아가야 했을 것입니다.

다윗은 또한 사울 왕으로부터도 부정적 평가를 들었습니다. "너는 소년이고 그는 잘 훈련된 장수이기 때문에 싸움 자체가 불가능하다."

하지만 다윗은 포기하지 않았습니다. 그는 하나님의 사람이었기에, 오직 그분의 말씀을 의지했습니다. 주변 사람들의 평가와 만류에 휩쓸리지 않았습니다. 쓸데없는 데 힘을 빼지 않았습니다. 다윗은 골리앗과의 싸움에 앞서 자신과의 싸움에서 승리했습니다.

골리앗과의 싸움에서 승리하려면 먼저 나 자신을 이겨야 합니다. 나를 이겨 낸 자라야 골리앗에게 도전할 수 있습니다.

골리앗과의 만남이 없었다면

생각해 봅시다. 만약 다윗의 인생에 골리앗과의 만남이 없었다면 어떻게 되었을까요? 아마도 여전히 베들레헴 들판에서 양떼를 치는 목동으로 지냈을 것입니다. 다윗은 사울과 온 이스라엘 군대가 벌벌 떠는 골리앗을 만났기에 위대한 용장이 되었습니다. 그로 인해 백성들로부터 "다윗은 만만이요"라고 추앙받는 지도자가 되었고, 마침내 이스라엘의 왕이 되었습니다.

골리앗과의 만남이 다윗에게는 인생의 터닝 포인트였습니다. 위기인 듯 보였지만, 역설적으로 가장 큰 축복이요 성공의 기회가 되었습니다. 골리앗을 만났기에 다윗은 만군의 여호와의 이름을 드러낼 수 있었습니다.

사도 바울을 보십시오. 유라굴로라는 광풍을 만났기에 그 배에 타고 있던 276명의 사람들에게 구원의 소망을 주는 사람이 되었습니다. 죄수의 신분으로 로마로 압송되던 그가 그 배에서 가장 영향력 있는 사람이 되었습니다. 만일 유라굴로라는 광풍이 없었다면 바울은 계속 죄수의 신분으로 남아 있었을 것입니다. 요셉은 또 어떻습니까? 그가 감옥에 갇혀 있었기 때문에 해몽을 통하여 애굽의 국무총리가 될 수 있었습니다. 다니엘도 사자굴 속에 던져졌기 때문에 바벨론의 왕과 백성이 살아 계신 하나님을 믿게 만들었습니다.

믿음은 말에 있지 않습니다. 현장에 있습니다. 지금 여러분이 만난 그 현장이 중요합니다. 하나님의 음성을 듣고 믿음으로 도전하는 사람에게는 골리앗이, 풍랑이 오히려 기적의 기회가 될 수 있습니다. 절망의 현장이 소망의 현장이 될 수 있습니다.

하나님의 사람이여! 지금 여러분 앞에 내 힘으로 도저히 이길 수 없는 골리앗이 버티고 있습니까? 내 힘으로는 도저히 해결할 수 없는 유라굴로 같은 풍랑 안에 있습니까? 나의 절망을 소망으로 바꾸는 전능하신 하나님이 내 인생의 터닝 포인트를 만들고 계심을 믿으십시오. 인생 전체를 흔드는 이 고통이 오히려 큰 축복의 기회가 되고, 하나님의 살아 계심과 위대하심을 드러내는 벅찬 감격이 될 수 있다는 것을 기억하십시오.

나를 이겨야 나아갈 수 있다

견고한 믿음으로 나아가는 자에게는 그 앞에 있는 골리앗이 클수록 좋습니다. 그 앞에 있는 풍랑이 세찰수록 좋습니다. 나를 인도하고 돌보시는 더 크고 위대하신 하나님을 드러낼 수 있기 때문입니다.

또한 견고한 믿음으로 나아가는 자는 사소한 감정과 판단에 휘둘리지 않습니다. 덜 중요한 것에 자신의 시간과 힘을 소모하지 않습니다. 정말 싸워야 할 더 중요한 것을 알기 때문입니다. 먼저 나를 이겨 내야만 진짜 상대에게 도전할 수 있습니다. 진짜 싸움을 시작할 수 있습니다. 나 자신에게만 머물러 있으면 그 자리에서 그렇게 끝나고 맙니다.

지금 이 전쟁에 함께하시는 하나님을 기억하십시오. 내 인생 전체와 함께하시고, 내 삶을 그분의 섭리대로 만들어 가시는 더 크신 하나님을 먼저 기억하십시오. 그러면 내 앞의 골리앗에 무너지지 않을 수 있습니다. 끊임없이 나를 잡아당기는 불필요한 유혹과 시비를 단호하게 떨쳐 낼 수 있습니다.

두려워하지 마십시오. 여러분의 삶은 하나님의 섭리 안에 있습니다. 하나님은 지금도 여러분의 손을 잡고 계십니다.

84

하나님의 사람이여, 도전하라!

6

○

작은 일에 충성하다

사무엘상 17장 17-21, 34-35절

건축의 미학은 튼튼한 기초에서 나옵니다. 일본 동경의 임페리얼 호텔은 기초가 얼마나 중요한지에 대한 교훈을 주는 대표적인 건축물입니다. 1912년, 데이코쿠 호텔의 총지배인이던 하야시 아이사쿠(林愛作)는 미국인 건축가 프랭크 로이드 라이트(Frank Lloyd Wright)에게 호텔 신관 건설을 의뢰했습니다. 건축가로서 책임과 긍지를 가지고 있던 라이트는 설계부터 건축 자재 선정까지 엄격하고 꼼꼼하게 지휘 감독했습니다. 특히 내진과 방화에 대비해 세계 최초로 건물 전체에 스팀 난방을 도입하고, 욕실에는 한국의 온돌 방식을 적용하는 등 획기적인 기술을 선보였습니다. 또한 감리에 있어서도 작은 것 하나 허투루 넘기지 않고 심혈을 기울였습니다. 이런 까다로운 과정을 거치며 예산은 무려 여섯 배로 불어났습니다. 이 일 때문에 그를 스카우트한 하야시 아이사쿠는 책임을 지고 사임하고, 라이트 역시 온갖 비판에 시달려 자리에서 물러나야 했습니다. 우여곡절 끝에 무려 11년에 걸쳐 라이트의 설계대로 호텔 본관이 완성되었습니다.

그런데 바로 그해, 리히터 규모 약 8의 관동 대지진이 발생했습니다. 그 지진으로 일본은 10만 명 이상의 사망자가 발생하고 46만여 채의 건물이 파괴될 정도로 막심한 피해를 입었습니다. 건물들은 속절없이 붕괴되거나 화재에 휩싸였습니다. 하지만 놀랍게도 임페리얼 호텔은 이 재앙을 홀로 버텨 냈습니다. 사람들이 기초 공사에 지나치게 건축비가 많이 든다고 손가락질했던 호텔이 이제는 재난 사태를 수습하기 위한 구호 본부로 사용되었습니다. 뿐만 아니라 대지진 이후에도 대화재와 미군 공습까지 견뎌 냈습니다.

결국 새로운 도전을 추구하면서도 작은 것에 충실했던 임페리얼 호텔은 여러 재난들을 버티며 일본이 자랑하는 근대식 건축물이 되었습니다. 이는 기본에 충실한 태도가 결정적인 시점에 큰 가치를 드러낸다는 역사적 교훈을 안겨 준 사례가 되었습니다.

일상에 충성한 사람

많은 사람이 다윗을 보며 그가 행한 큰일들을 떠올립니다. 하지만 정작 그는 작은 일에 충성했던 사람입니다. 하루하루의 성실함과 매일 만나는 사람에 대한 진실한 순종이 그를 역사를 움직이는 왕으로 만들었습니다. 그가 지켜온 작은 일들에 대한 충성은 그를 작은 사람에 머물게 하지 않았습니다.

다윗의 아버지 이새에게는 여덟 명의 아들이 있었습니다. 그중 장자인 엘리압과 차남 아비나답, 셋째 삼마는 블레셋과의 전투에 참전 중이었습니다. 이새는 그 전투 현장으로 막내 다윗을 심부름 보냅니다. 형들에게 먹을 것을 가져다주고 안부를 살피기 위해서입니다.

> "네 형들의 안부를 살피고 증표를 가져오라"(18절b).

이새는 볶은 곡식 한 에바와 빵과 치즈 각 열 덩이를 다윗에게 줍니다. 그리고 이스라엘 군대의 진영 안으로 가서 형들의 안부를 묻고 그 증표를 가져오라고 합니다.

> "이새가 그의 아들 다윗에게 이르되 지금 네 형들을 위하여 이 볶은 곡식 한 에바와 이 떡 열 덩이를 가지고 진영으로 속히 가서 네 형들에게 주고 이 치즈 열 덩이를 가져다가 그들의 천부장에게 주고 네 형들의 안부를 살피고 증표를 가져오라"(17-18절).

볶은 곡식은 별도의 조리가 필요 없습니다. 때문에 전투 현장에서 바로 먹을 수 있는 비상식량입니다. 떡과 치즈 역시 이스라엘 사람들이 쉽게 즐겨먹는 음식입니다. 그런데 아버지가 준비한 음식의 양이 적지 않습니다. 한 에바는 한 말 두 되로, 대략 22킬로그램의 무게입니다. 거기에 빵과 치즈 스무 덩이를 합하면 적어도 30킬로그램은 될 것입니다. 결코 가벼운 무게가 아닙니다.

더구나 아버지 집이 있는 베들레헴에서 전쟁터인 엘라 골짜기까지는 24킬로미터나 되는 먼 길입니다. 막내아들 다윗은 그 무거운 먹거리를 들고 쉬지 않고 걸어야 여섯 시간이 걸리는 먼 거리를 가야 했던 것입니다.

사실 다윗의 입장에서는 얼마든지 불평과 원망을 쏟을 수 있었습니다. 아니 거부할 수도 있었습니다.

"아버지! 다른 형들도 있는데 막내인 제가 왜 심부름을 가야 합니까? 제 위로 키도 크고 힘도 센 형들이 네 명이나 있잖아요? 그 형들을 시키세요. 왜 막내인 저에게 이런 심부름을 시키려고 하세요. 이 무거운 짐을 들고 그 먼 거리를 어떻게 다녀온단 말이에요!"

그렇다면 이새는 왜 다른 형들이 아닌 막내 다윗에게 심부름을 시켰을까요? 사실 따지고 보면 형들의 안부를 묻고 음식을 가져다주는 일은 넷째 아들이 해야 더 자연스럽습니다. 체격도 크고, 경험 많은 형이 가는 것이 더 안전하다는 것은 상식입니다. 넷째가 아니라면 다섯째가, 다섯째가 못 간다고 우기면 여섯째라도 가야 합니다. 그런데 이새의 선택은 다윗이었습니다.

성경은 그 이유를 설명하지 않지만 얼마든지 추론해 볼 수 있습니다. 다른 형들은 가기를 원치 않았습니다. 심부름을 보낸 장소가 전쟁 중인 곳이기 때문일 것입니다. 하지만 다윗은 아버지 말씀에 두 말 없이 순종했습니다. 상황을 따지거나 계산하지 않고, 순전한 마음으로 불평 없이 따랐습니다. 쉽지 않은 일이었지만 다윗은 그렇게 했습니다.

머뭇거리지 않고 기쁨으로

다윗은 아버지의 말씀에 머뭇거리지 않습니다. 기쁨으로 순종합니다.

"다윗이 아침에 일찍이 일어나서 양을 양 지키는 자에게 맡기고 이새가 명령한 대로 가지고 가서 진영에 이른즉"(20절a).

다윗은 아버지의 말씀에 순종하기 위해 아침 일찍 일어납니다. 미적대지 않습니다. 지체하지 않고 음식을 가지고 전쟁터로 달려 나아갑니다.

"진영으로 속히 가서 네 형들에게 주고"(17절b).

아침 일찍 일어나 무거운 음식을 메고 24킬로미터나 되는 먼 거리를 속히 달려간 것을 보면 다윗이 아버지의 명령에 순종하기 위해 얼마나 최선을 다했는가를 알 수 있습니다.

이런 진심을 담은 충성이 있었기에, 다윗은 골리앗을 만날 수 있었고 영웅이 될 수 있었습니다. 물론 이 모두는 하나님의 섭리 안에 있는 일입니다. 하지만 그 섭리 안에 작은 일에 충성한 다윗이 있었다는 사실을 잊지 말아야 합니다.

다윗은 베들레헴 들판에서 양들을 치는 천한 목동이었습니다. 당시 들판에서 양을 치는 일은 결코 쉽지 않았습니다. 밤새도록 추위와 싸워야 하고 사나운 짐승으로부터 양들을 지켜야 하기 때문입니다.

하지만 목동 다윗은 들판에서 양을 치는 일에도 최선을 다했습니다. 그래서 사울 왕이 "너는 소년이요 골리앗은 장수이기 때문에 너는 나가서 골리앗과 싸울 수 없다"고 말하자 이렇게 답합니다.

"주의 종이 아버지의 양을 지킬 때에 사자나 곰이 와서 양 떼에서 새끼를 물어가면 내가 따라가서 그것을 치고 그 입에서 새끼를 건져내었고"(34-35절a).

하나님의 사람이여, 도전하라!

다윗은 목동으로 있을 때 사자나 곰이 나타나 양의 새끼를 습격하면 도망가지 않았습니다. 바라만 보고 있지 않았습니다. 지체하지 않고 따라가서 그 짐승과 싸웠습니다. 끝내 자신이 지키는 양의 새끼를 건져 내었습니다. 목동으로서 마땅히 해야 할 일에 최선을 다했습니다.

사무엘상 16장에는 사무엘 선지자가 이스라엘 왕으로 기름 부을 자를 찾기 위해 이새의 집을 방문하는 장면이 나옵니다. 이새의 아들 일곱 명이 하던 일을 내려놓고 사무엘 앞에 섭니다. 하지만 하나님은 그들을 택하지 않으십니다. 사무엘이 이새에게 묻습니다. "네 아들들이 다 여기 있느냐?" 그러자 이새가 말합니다.

"… 아직 막내가 남았는데 그는 양을 지키나이다 …"(삼상 16:11).

이새의 여덟 아들 가운데 다윗만 사무엘 선지자를 만나는 영광스러운 자리에 초대받지 못했습니다. 같은 시간, 그는 홀로 외롭게 들판에서 양을 지키고 있었습니다. 아버지로부터 특별한 관심이나 사랑을 받지 못했지만, 다윗은 그 순간에도 불평하지 않고 목동으로서 주어진 일에 최선을 다하고 있었던 것입니다. 심지어 아버지의 명령을 따라 심부름을 떠날 때에도 그냥 떠나지 않았습니다. 아침 일찍 일어나 양 지키는 자에게 자신의 양을 맡기고 떠났습니다.

"다윗이 아침에 일찍이 일어나서 양을 양 지키는 자에게 맡기고 이새가 명령한 대로 가지고 가서 진영에 이른즉"(20절a).

다윗은 목동으로서 책임감이 강했습니다. 양떼를 치고 양 지키는 것을 천한 일로 여기지 않았습니다. 마음을 다해 양떼를 돌보며 주어진 일에 최선을 다했습니다.

작지 않은 작은 일

하나님은 작은 일에 충성된 자를 찾으십니다. 하나님은 다윗이 골리앗을 물리치는 것을 보고 그를 이스라엘 왕으로 선택하신 것이 아닙니다. 다윗이 베들레헴 시골의 한 들판에서 목동으로서 주어진 일에 최선을 다할 때 그를 주목하셨습니다. 작은 일에 충성할 때 그를 부르셨습니다.

"하나님, 저를 축복해 주십시오. 하나님이 저를 큰 사람으로 세워 주시면 제가 그 일에 최선을 다해 충성하겠습니다."

다윗이 이렇게 기도한 적이 있습니까? 없습니다. 지금 자신에게 주어진 일을 묵묵히 성실하게 해낼 때, 하나님은 다윗을

하나님의 사람이여, 도전하라!

부르셨고 더 크고 위대한 일을 맡기셨습니다.

예수님은 달란트 비유를 들어 두 달란트 받은 자와 다섯 달란트 받은 자에게 반복해서 동일하게 말씀하십니다.

> "잘하였도다 착하고 충성된 종아 네가 적은 일에 충성하였으매 내가 많은 것을 네게 맡기리니 네 주인의 즐거움에 참여할지어다"(마 25:21, 23).

얼마를 받았는지는 중요치 않습니다. 하나님은 내가 맡은 그 일에 얼마나 최선을 다했는가를 보고 우리 인생을 평가하십니다. 그리고 작은 일에 충성하는 사람에게 큰일을 맡기십니다. 지금 나에게 주어진 바로 그 일, 날마다 하는 그 일, 가장 익숙한 그 일에 충성해야 합니다. 성실해야 합니다. 마음을 쏟아야 합니다.

오 주님!
작은 것들의 소중함을 알게 되었습니다
세상의 모든 것들은 작은 것에서부터 시작됩니다
드넓은 들판도 작은 풀잎 하나에서 시작되고 있습니다
넓은 백사장도 작은 모래알 하나에서 펼쳐지고 있습니다
아무리 정밀하게 만들어진 전자제품도

때로는 작은 나사 하나로 엄청난 손실을 봅니다
작은 웃음, 작은 친절, 작은 섬김
작은 나눔, 작은 감사, 작은 기도, 작은 사람도
모이면 큰일을 할 수 있습니다
작은 것을 소중하게 여기지 않으면
큰 것 역시 소중하게 여기지 못합니다

용혜원 시인의 〈작은 것의 소중함〉이라는 시의 일부분입니다. 시의 내용에서 보듯, 세상의 모든 것들은 작은 것에서부터 시작됩니다. 드넓은 들판도 작은 풀잎 하나에서 시작되고, 넓은 백사장도 작은 모래알 하나에서부터 펼쳐집니다.

그렇습니다. 작은 일에 감사하며 기뻐하는 자가 범사에 감사하며 기뻐할 수 있습니다. 일상에서 작은 것이라도 늘 나누며 사는 사람만이, 후일에 더 큰 것도 아낌없이 나누며 베푸는 사람이 될 수 있습니다.

충성도 마찬가지입니다. 지극히 작은 일에 충성하는 자가 더 큰일에도 충성하는 것입니다. 예수님은 말씀하십니다.

"지극히 작은 것에 충성된 자는 큰 것에도 충성되고 지극히 작은 것에 불의한 자는 큰 것에도 불의하니라"(눅 16:10).

큰일에는 욕심이 납니다. 많은 사람이 주목하는 만큼 잘 해보이고 싶습니다. 인정받고 싶습니다. 하지만 시시하고 작은 것들은 대충하거나 소홀히 여깁니다. 매일 하는 일, 나만 아는 일이기에 더욱 그렇습니다. 작은 것, 일상적인 것의 소중함은 일부러 기억하지 않는 한 흘려버리기 쉽습니다.

지난 1986년에 챌린저호 우주선 폭발 사건이 있었습니다. 승무원 일곱 명을 싣고 나사 본부에서 발사된 우주선이 73초 만에 공중에서 폭발했고, 이 장면이 TV로 생생하게 방영되어 사람들에게 충격을 주었습니다. 이후 기술자들이 사고 원인을 분석한 결과, 주 엔진에 붙은 두 개의 부스터를 위해 너트(nut)가 필요한데, 그 너트에 결함이 생겨서 폭발했다는 결론을 내렸습니다. 사소한 부품 하나가 소중한 생명과 엄청난 비용이 든 우주선을 잃게 만든 것입니다.

한국에서 26년을 살면서 한국인을 지켜본 일본인 이케하라 마모루(池原衛)는 『한국인에게 맞아죽을 각오를 하고 쓴 한국, 한국인 비판』(랜덤하우스코리아)이라는 책을 썼습니다. 1999년에 출간되었으니 꽤 오래된 책입니다. 그는 이 책에서 한국인의 약점을 매우 예리하게 지적하는데 그중 하나가 "한국인은 작은 것의 소중함을 모른다"는 것입니다.

마모루는 한국 최고의 건설 회사에서 지은 아파트에서 산 적이 있는데, 욕실과 주방, 베란다 모두 제대로 물이 빠지는 곳이 없었다고 합니다. 당황스럽게도 하수구 구멍이 더 높았기 때문입니다. 물이 높은 곳에서 낮은 곳으로 흐른다는 것은 꼬마들도 다 아는 상식입니다. 그런데 물이 빠질 수 있도록 바닥 수평을 잡지 않고 공사를 마무리한 것입니다. 그러면서 그는 한국인들이 주로 사용하는 말 가운데 이런 말이 있다고 꼬집었습니다. "대충대충해. 그만하면 됐어." "에이, 보는 사람도 없고 보이지도 않는데 뭘. 그냥 하자고."

지극히 작은 자 하나에게 한 것

기억하십시오. 하나님은 지극히 작은 것에 충성한 자에게 더 큰 것을 맡기십니다. 지금 내게 주어진 작은 것에 최선을 다해야 합니다. 아무리 작고 초라해 보여도, 혹 아무도 보지 않고 알아주지 않아도 모든 일을 주께 하듯 해야 합니다. 예수님도 마지막 날의 심판을 이렇게 말씀하셨습니다.

> "너희가 여기 내 형제 중에 지극히 작은 자 하나에게 한 것이 곧 내게 한 것이니라"(마 25:40b).

지극히 작은 자가 누구입니까? 꼭 어린 아이만을 의미하지 않습니다. 사람들에게 관심 받지 못하는 자, 소외된 자, 무시당하는 자, 외로운 자, 병든 자, 갇힌 자들이 그들입니다. 하나님의 사람인 우리는 이 땅에 사는 동안 내 주변에 있는 지극히 작은 자들을 잊지 말고 섬겨야 합니다.

일상의 작은 일, 주변의 작은 사람들에게 마음을 다하십시오. 그것들에 진실하고 성실한 하루하루가 당신의 삶 전체를 빛나게 할 것입니다. 하나님은 우리의 가장 일상적이고 평범한 그 순간순간을 지켜보시고 사랑하시고 축복하십니다.

7

○

거룩한 분노를 품다

사무엘상 17장 26, 45절

우리는 지금 다윗과 골리앗의 싸움에 대해 묵상하고 있습니다. 이야기의 줄거리는 아주 간단합니다. 전쟁터를 장악하는 거대한 장수 골리앗과 그 앞에 선 소년 다윗, 그러나 다윗의 한 방으로 끝나 버린 싸움이랄 것도 없는 싸움. 어떻게 보면 시시할 만큼 뻔하게 느껴지는 이 이야기에 우리가 두고두고 희열을 느끼는 것은, 이 이해할 수 없는 싸움의 시작과 끝에 계시는 하나님을 순간순간, 장면 사이사이마다 발견할 수 있기 때문입니다.

그 하나님이 택하여 쓰신 소년 다윗 역시 매력적입니다. 거대한 장수를 홀로 상대했던 당찬 소년, 하나님의 이름이 더럽혀지는 것에 분노할 줄 알았던 유일한 사람, 지금까지 나를 지키셨던 하나님에 대한 믿음으로 그 외의 모든 것을 이겨 냈던, 작지만 결코 작지 않은 사람 다윗. 오늘은 그 다윗에 대해 좀 더 나누어 보겠습니다.

하나님의 사람이여, 도전하라!

골리앗 앞에 선 나는 누구인가

도대체 다윗의 무엇이 골리앗에게 도전하게 만들었을까요?

첫째, 그 정체성에 대한 확신입니다. 다윗은 무엇보다 자신이 누구인지를 분명히 알았습니다. 사실 이 내용은 책의 앞부분에서 다루었지만, 다윗에게서도 동일하게 발견되는 중요한 부분입니다. 도전하는 사람에게 있어서 내가 누구인지를 정확하게 아는 것은 싸움의 시작과 끝을 결정한다 해도 과언이 아닙니다.

다윗과 골리앗이 마주 선 순간을 블레셋 군대와 온 이스라엘 군대가 숨죽여 지켜보고 있었습니다. 하지만 전쟁은 시작하자마자 끝이 나고 맙니다. 성경은 다윗이 골리앗을 물리치는 장면은 간단하게 기록합니다. 반면 싸움에 앞서 다윗과 골리앗이 벌인 설전에 대해서는 세세하게 설명합니다. 이유가 무엇일까요? '다윗이 어떤 일을 했는가'보다 '다윗이 어떤 사람이었는가'가 훨씬 더 중요하기 때문입니다.

우리 역시 마찬가지입니다. '내가 어떤 일을 했는가'는 지극히 결과론적 사실입니다. 하지만 '내가 어떤 사람인가'는 모든 문제를 풀어 가는 핵심 열쇠입니다. 때문에 내가 누구인지를 제대로 아는 것이 중요합니다. 그래야 골리앗을 향해 도전할 수 있고, 또 싸워 무너뜨릴 수 있기 때문입니다. 모든 도전의 시작은 자신의 정체성을 분명히 아는 것입니다. 그런 면에서 다윗은

2부 무엇에 도전하는가

자신이 누구인지를 분명히 알고 있었습니다.

> "다윗이 블레셋 사람에게 이르되 너는 칼과 창과 단창으로 내
> 게 나아 오거니와 나는 만군의 여호와의 이름 곧 네가 모욕하는
> 이스라엘 군대의 하나님의 이름으로 네게 나아가노라"(45절).

다윗은 골리앗을 향해 나아가면서 "너는 칼과 창과 단창으로
내게 오지만 나는 만군의 여호와의 이름, 네가 모욕하는 이스라
엘 군대의 하나님의 이름으로 네게 나아간다"고 말합니다. '만
군의 여호와의 이름으로 나아간다'는 것은 '하나님 군대의 신
분으로 나아간다'는 말입니다. 다윗은 베들레헴 들판에서 양떼
를 치는 목동에 불과했습니다. 하지만 그가 골리앗을 향해 나아
갈 때는 목동이 아닌 하나님 군대의 신분으로 나아갔습니다.
　또한 다윗은 할례 받은 자의 신분으로 나아갔습니다.

> "이 할례 받지 않은 블레셋 사람이 누구이기에 살아 계시는 하
> 나님의 군대를 모욕하겠느냐"(26절b).

구약에서 할례는 아브라함의 후손, 곧 하나님의 백성 된 것을
나타냅니다. 때문에 당시 의식과 문화에서 할례는 굉장히 중요
했습니다. 다윗은 골리앗을 할례 받지 못한 자로, 자신은 할례

받은 자로 선포합니다. 즉 자신이 언약 백성으로 아브라함의 자손이요, 구원받은 하나님의 백성이요, 하나님 군대에 속한 하나님의 사람이라는 것을 분명히 알고 있었습니다.

그러나 사울과 이스라엘 군사들은 그렇지 못했습니다. 그들역시 아브라함과 이삭과 야곱의 후손이고, 어느 민족도 경험하지 못한 특별한 하나님의 은혜를 입은 사람들입니다. 그들은 430년 동안 종 되었던 애굽 땅에서 해방되었습니다. 홍해를 육지같이 건너는 기적도 경험했습니다. 시내산에서는 하나님과 언약을 맺었고, 광야에서 40년 동안 하늘에서 내려 주시는 만나와 메추라기를 먹으며 구름 기둥과 불 기둥의 인도를 받았습니다. 마침내 요단강을 건너 가나안 땅에 들어와서는 가나안의 원주민을 몰아내고 그 땅 가운데 거주했습니다. 이런 특별한 은혜를 경험했지만 그들은 하나님의 사람으로서의 정체성을 갖지 못했습니다. 자신들이 하나님의 군대라는 사실을 모르고 있었습니다.

영적 전쟁에서 무엇이 중요합니까? 내가 누구인지, 내가 어디에 속한 사람인지를 아는 것입니다. 그래서 하나님은 이스라엘 백성이 요단강을 건너 가나안 땅에 들어갔을 때 길갈에서 할례를 받게 하셨습니다.

"여호수아가 부싯돌로 칼을 만들어 할례 산에서 이스라엘 자손들에게 할례를 행하니라"(수 5:3).

전쟁에 앞서 할례를 받는다는 것은 전략적인 면에서 선뜻 이
해되지 않는 일입니다. 할례 받는 것이 얼마나 고통스러운 일입
니까? 만일 할례 받고 누워 있는 모습을 여리고성 사람들이 보
고 선제공격이라도 하면 어떻게 되겠습니까? 힘 한번 써 보지
못하고 패배했을 것입니다. 세겜 성에 있는 남자들이 야곱의 아
들 시므온과 레위에게 죽임을 당한 이유가 무엇입니까? 할례를
받고 고통 가운데 있었기 때문입니다.

그런데 하나님은 왜 가나안 정복에 앞서 길갈에서 할례를 받
게 하셨을까요? 전쟁에 앞서 자신이 누구인지 다시 한 번 되새
기고 정체성을 분명히 하도록 하기 위함입니다. 표피를 잘라 내
는 고통을 겪어서라도 자신이 누구인지를 바로 알도록 하기 위
해서였습니다. 자신의 정체성이 분명해야 가나안의 원주민을
몰아내는 영적 전쟁을 치를 수 있기 때문입니다.

그렇습니다. 내가 누구인지를 아는 것은 당장 싸움터에 뛰어
드는 것보다 훨씬 중요하고 급한 일입니다.

다윗은 평생을 하나님의 사람이라는 정체성을 기억하며 살
았습니다. 그래서 인생의 황혼에 죽음이 임박해 오는 순간에도
이런 말을 남겼습니다.

하나님의 사람이여, 도전하라!

"이는 다윗의 마지막 말이라 이새의 아들 다윗이 말함이여 높이 세워진 자, 야곱의 하나님께로부터 기름 부음 받은 자, 이스라엘의 노래 잘 하는 자가 말하노라"(삼하 23:1).

자신의 고백처럼 다윗은 육체로는 이새의 아들이었습니다. 그러나 평생을 이새의 아들로만 살지 않았습니다. "하나님께로부터 기름 부음을 받은 자"로 살았습니다.

다윗은 사울 왕가의 후손이 아니었습니다. 평생 베들레헴 들판에서 양떼를 치는 목동으로 살다가 생을 마칠 수밖에 없는 사람이었습니다. 하지만 하나님이 사무엘 선지자를 보내 이스라엘의 왕으로 기름 부음을 받게 하셨습니다. 하나님의 은혜가 아니면 불가능한 일입니다. 또한 다윗은 야곱의 하나님으로부터 기름 부음 받았음을 고백합니다. 이는 놀라운 하나님의 은혜로 기름 부음을 받아 왕이 되었음을 뜻합니다.

다윗은 평생을 '하나님으로부터 기름 부음 받은 자'라는 정체성을 가슴에 새기고 살았습니다. 들판에서 목동으로 양을 칠 때에도, 골리앗과 싸울 때에도, 수많은 전쟁을 치르고 사울 왕을 피해 도망 다닐 때에도, 왕으로서 백성을 다스릴 때에도 '나는 야곱의 하나님으로부터 기름 부음을 받은 자'라는 분명한 정체성을 잊지 않았습니다.

요셉도 하나님의 사람이라는 정체성이 분명했기에 노예이면서도 노예로 살지 않았고 죄수이면서도 죄수처럼 살지 않았습니다. 다니엘 역시 하나님의 사람으로서 뜻을 정해 인생을 살았습니다.

왜 사춘기를 힘든 시기라고 말합니까? 육체적으로는 급성장을 하는데 마음은 그것을 따라가지 못하기 때문입니다. 그 과정에서 정체성의 혼란을 겪게 됩니다. 우리 역시 정체성이 분명하지 않으면 삶이 혼란스러울 수밖에 없습니다. 내가 만나는 사람에 따라, 내가 처한 상황에 따라 이리저리 그때그때 흔들릴 수밖에 없습니다. 하나님의 사람이라는 정체성이 분명하지 않으면, 우리는 교회와 세상 속에서 카멜레온처럼 살아갈 수밖에 없습니다. 오늘날 그리스도인들이 그토록 비난을 받는 이유는, 자신들이 말하는 정체성처럼 살지 않기 때문입니다. 스스로 하나님의 자녀라고 말하면서, 세상과 전혀 다른 모습을 보여 주지 않기 때문입니다. 입으로는 하나님 사랑과 이웃 사랑을 외치면서, 실제로는 그렇게 살지 않기 때문입니다.

세상에 타협하지 않고 당당하게 살아가는 자가 누구입니까? 믿음으로 도전하는 삶을 사는 자가 누구입니까? 오늘 내 앞에 있는 골리앗을 향해 도전하는 자가 누구입니까? 나는 하늘에 속한 자요, 하나님의 사람이라는 정체성이 분명한 자입니다.

분노할 줄 아는 사람

다윗이 골리앗에게 도전할 수 있었던 두 번째 이유는 거룩한 분노입니다. 골리앗이 그의 신들의 이름으로 하나님의 군대를 저주하며 조롱할 때, 사울 왕과 이스라엘 병사들은 숨소리 한번 내지 못한 채 두려워 떨고만 있었습니다. 하지만 다윗은 달랐습니다.

> "이 할례 받지 않은 블레셋 사람이 누구이기에 살아 계시는 하나님의 군대를 모욕하겠느냐"(26절b).

다윗 안에 거룩한 분노가 일었습니다. 그가 골리앗에게 도전한 것은 살아 계신 하나님의 군대를 모욕한 골리앗의 말에 분노를 느꼈기 때문입니다. 재물을 받아 부자가 되고, 왕의 사위가 되기 위해 골리앗을 대적하겠다는 계산 따위는 안중에도 없었습니다. 그의 전부인 하나님의 이름이 할례 받지 못한 자에게 함부로 짓밟히자 그는 가만히 있을 수 없었습니다. 그것뿐입니다. 도저히 용서할 수 없는 골리앗을 하나님의 이름으로 응징하기 위해 담대히 발걸음을 옮겼을 뿐입니다.

하나님은 그 믿음을 보셨습니다. 그의 안에 있는 거룩한 분노를 아셨습니다. 그리고 재물과 왕의 사위가 되는 복을 허락하셨습니다. 그렇습니다. 하나님은 그의 나라와 그의 의를 구할 때 이 모든 것을 더하십니다.

예수님에게도 거룩한 분노가 있었습니다. 주님은 성전에 들어가 외치셨습니다. "너희는 강도의 소굴을 만들었도다"(막 11:17b). 그리고 "노끈으로 채찍을 만드사 양이나 소를 다 성전에서 내쫓으시고 돈 바꾸는 사람들의 돈을 쏟으시며 상을 엎으"(요 2:15)셨습니다.

사도 바울도 거룩한 분노를 느낀 적이 있습니다.

> "바울이 아덴에서 그들을 기다리다가 그 성에 우상이 가득한 것을 보고 마음에 격분하여"(행 17:16).

바울이 격분한 이유가 무엇입니까? 아덴(아테네)에 우상이 가득한 것을 보았기 때문입니다. 당시 '신들의 도시'라 일컬을 정도로 아덴에는 파르테논 신전을 비롯한 많은 신전이 있었습니다. 공공장소에 세워진 신상만 해도 무려 3만 개가 넘었다고 합니다.

사실 바울은 아덴에 들어갈 때 놀라운 전도의 열매를 기대했습니다. 하지만 막상 들어가서 보니 수많은 신전이 세워져 있었고, 거리마다 우상으로 가득 차 있었습니다. 특히 처녀 신을 숭배하는 우상 숭배가 팽배했습니다. 하지만 누구도 이런 상황에 대해 분노하지 않았습니다. 그저 쾌락을 즐기고 철학을 논하기에만 바빴습니다. 이에 바울이 격분했던 것입니다. '격분하다'는 헬라어 동사 '파록쉬노'(παροξύνω)는 원래 의학적인 용어로, 졸도나 간질병 발작에 사용되는 단어입니다. 이것으로 유추해 볼 때 바울이 아덴의 우상들을 보며 얼마나 극도로 분노했는지 알 수 있습니다.

하나님의 사람들이 가졌던 분노는 인간적인 분노, 육체적인 분노와 다릅니다. 그것은 죄에 대한 분노, 우상에 대한 분노로서 영적인 분노, 거룩한 분노였습니다.

도리어 하나님의 얼굴을 찾다

하나님의 사람이 거룩한 분노를 갖는 것은 물론 중요합니다. 하지만 '그 거룩한 분노를 어떻게 표출하는가' 역시 중요합니다. 거룩한 분노가 잘못 표출되면 오히려 죄로 이어질 수 있기 때문입니다. 사람들의 마음을 얻는 것이 아니라 마음의 문을 닫게 하여 오히려 복음에서 멀어지게 할 수도 있습니다.

그렇다면 이 거룩한 분노를 어떻게 표출해야 할까요? 세상 사람들처럼, 구약 시대의 방식대로 분노의 감정을 쏟아 부어야 할까요? 구약 시대에 그런 사람이 있었습니다. 비느하스는 이스라엘의 한 남자가 미디안 여자를 데리고 자신의 장막으로 들어가는 것을 보고 분노해서 창으로 두 사람을 꿰뚫어 죽였습니다. 그래서 하나님이 이스라엘에 내리신 염병의 징계를 그치게 했습니다. 새 언약의 백성인 우리 역시 비느하스처럼 해야 할까요? 타 종교 시설에 들어가 건물이나 물품을 훼손하고, 공공시설에 기독교적 메시지나 상징을 무차별적으로 그려 놓아야 할까요?

아닙니다. 바울을 보십시오. 바울은 아덴에 가득한 우상을 보고 격분했습니다. 하지만 우상을 파괴하는 방식으로 거룩한 분노를 표출하지 않았습니다. 바울은 사람이 많이 모이는 회당과 장터에서 변론하기 시작했습니다.

"회당에서는 유대인과 경건한 사람들과 또 장터에서는 날마다 만나는 사람들과 변론하니"(행 17:17).

무엇을 변론했습니까?

"이는 바울이 예수와 부활을 전하기 때문이러라"(행 17:18b).

그는 예수와 부활에 대하여 많은 사람과 변론했습니다. 물론 대부분은 바울이 전하는 복음을 비웃고 조롱했습니다. 소수의 사람들만 복음을 받아들였기에 다른 곳보다는 많은 열매를 맺지 못했습니다.

하지만 우리는 바울이 분노를 표출했던 방식에 주목해야 합니다. 중요한 것은 분노를 표출하는 것이 아니라 복음을 전하고 생명을 살리는 것입니다.

시편 42편은 고라 자손이 쓴 시입니다. 이 시편 기자도 마음의 분노를 과격한 방식으로 표출하지 않았습니다.

"사람들이 종일 내게 하는 말이 네 하나님이 어디 있느뇨 하오니 내 눈물이 주야로 내 음식이 되었도다"(시 42:3).

시인은 주변 사람들로부터 "네 하나님이 어디 있느냐"라는 비난과 비방의 말을 들을 때 마음이 너무 아파 울었다고 말합니다. "네가 하나님을 잘 믿는다고 하더니 왜 이런 신세가 되었느냐? 도대체 네가 믿는 하나님은 어디 계시냐?"라는 비난과 조롱을 들을 때 눈물이 주야로 음식이 되었다고 말합니다. 울고 또 울었다는 뜻입니다.

이때 시인의 태도는 어땠습니까? 그들의 말에 맞장구를 쳤습니까? 좌절하고 절망했습니까? 근거 없는 그들의 비방을 문제 삼아 비난하고 조롱했습니까? 거룩하신 하나님의 이름으로 그들을 저주하며 복수했습니까? 아닙니다. 시인은 도리어 하나님의 얼굴을 찾았습니다.

"내 영혼이 하나님 곧 살아 계시는 하나님을 갈망하나니"(시 42:2a).

좌절하고 분노하고 복수하는 것이 아니라 도리어 하나님을 갈망했습니다.

하나님의 사람은 거룩한 분노를 가져야 합니다. 하지만 거룩한 분노를 잘못 표출해 오히려 자신이 죄를 짓고 넘어지는 경우가 많습니다. 그렇다면 어디에 분노를 표출해야 할까요? 눈에 보이는 사람이나 상황이 아닌 그 뒤에 있는 어둠의 세력에 표출해야 합니다. 나를 힘들게 하는 사람이나 현상을 보지 말고, 그 배후에서 역사하는 어두운 영의 실체를 보아야 합니다.

누군가 당신을 미워하고 있습니까? 미워하는 그 사람을 보지 말고, 그 사람의 배후에서 나를 미워하도록 역사하는 미움의 영을 바라보아야 합니다. 배후에서 역사하여 관계를 파괴하고 무너뜨리려는 음란한 영의 실체를 보아야 합니다. 그 어둠의 세력에 대해 분노해야 합니다.

모든 질병이 다 귀신이 가져오는 것은 아닙니다. 하지만 누군가가 귀신의 역사로 인해 병마에 시달리고 있다면 그 병마를 가져다주는 어둠의 영에 분노할 수 있어야 합니다.

하나님의 사람이여, 도전하라!

나는 무엇에 분노하는가

하나님의 사람에게는 영적인 분노, 거룩한 분노가 있습니다. 내 안에 어둠의 세력에 대한, 죄에 대한, 골리앗에 대한 분노가 없다면, 나는 결코 하나님께 속한 하나님의 사람이 아닙니다.

누가 도전합니까? 누가 오늘 내 인생의 골리앗을 향하여 도전합니까? 누가 오랜 시간 무릎 꿇고 간절히 주의 얼굴을 구합니까? 거룩한 분노를 가진 자입니다. 거룩한 분노를 가진 자만이 하나님의 뜻 가운데 움직일 수 있습니다. 도전의 첫 걸음을 시작할 수 있습니다.

수많은 골리앗과 마주 서 있는 여러분! 여러분 자신이 누구인지 늘 기억하십시오. 그것이 여러분을 도전할 수 없는 것에 도전하게 만들 것입니다. 그리고 마땅히 분노해야 할 것에 분노하게 만들 것입니다. 하나님의 사람은 세상에 대하여 나약하지도 비겁하지도 않기 때문입니다. 소년 다윗이 그랬던 것처럼 말입니다.

8

오늘의 하나님을 믿다

사무엘상 17장 36-37, 46절

사울 왕도, 이스라엘 모든 군대도 숨죽였습니다. 오직 소년 다
윗만 일어섰습니다. 하나님께 속한 자 다윗이 그분의 이름이 짓
밟히는 것에 분노하며 앞으로 나아갔습니다.

오늘의 하나님을 믿는 자

골리앗을 향하여 도전할 수 있는 사람은 '내가 누구인가'에 대
한 분명한 확신이 있는 사람입니다. 그리고 마땅히 분노할 것에
분노할 줄 아는 사람입니다. 성경은 또 다른 답을 알려 줍니다.
바로 오늘의 하나님을 믿는 사람입니다. 다윗은 오늘의 하나님
을 믿었습니다. 그는 자신을 만류하는 사울 왕에게 이렇게 말합
니다.

"주의 종이 사자와 곰도 쳤은즉 살아 계시는 하나님의 군대를 모욕한 이 할례 받지 않은 블레셋 사람이리이까 그가 그 짐승의 하나와 같이 되리이다"(36절).

주의 종이라는 분명한 정체성을 가진 다윗은 살아 계시는 하나님의 군대를 모욕한 골리앗을 '그 짐승'처럼 다스리겠다고 말합니다.

"또 다윗이 이르되 여호와께서 나를 사자의 발톱과 곰의 발톱에서 건져내셨은즉 나를 이 블레셋 사람의 손에서도 건져내시리이다"(37절a).

'건져내셨은즉, 건져내시리이다.'
다윗은 목동으로 있을 때 사자와 곰의 발톱에서 자신을 건져 주신 하나님이, 지금 골리앗의 손에서도 건져 주실 것을 믿었습니다. 과거에 함께하신 하나님이 지금도 함께하심으로, 골리앗과의 싸움에서 승리할 수 있음을 확신했습니다. 다윗은 어제를 주관하고 다스리셨던 하나님뿐만 아니라 지금도 살아 역사하시는 오늘의 하나님을 믿은 것입니다. 그래서 골리앗을 향해 나아가며 '오늘'이라는 말을 두 번이나 반복합니다.

"오늘 여호와께서 너를 내 손에 넘기시리니 내가 너를 쳐서 네 목을 베고 블레셋 군대의 시체를 오늘 공중의 새와 땅의 들짐 승에게 주어 온 땅으로 이스라엘에 하나님이 계신 줄 알게 하 겠고"(46절).

다윗은 하나님을 과거의 하나님으로만 믿지 않았습니다. 과 거에 나와 함께하신 하나님이 지금도 나와 함께하심을 신실하 게 믿었습니다.

많은 사람들이 과거의 하나님에 갇혀 있습니다. "그때가 참 좋았지." "그때는 참 뜨거웠어." "그때는 하나님이 내 기도에 즉 각적으로 응답하셨어." "어떤 생각만 해도 하나님이 바로 역사 하셔서 닭살 돋은 적이 한두 번이 아니었지." "그때는 나도 밤 새워 기도했고, 신앙생활이 그렇게 즐거울 수가 없었어." 이렇 게 '그때'만 붙든 채 아련한 추억만으로 신앙생활을 하는 사람 이 너무나 많습니다.

요즘 유행하는 단어 중에 '꼰대'라는 말이 있습니다. 청소년 이나 젊은이들이 나이 많은 어른이나 교사를 일컫는 은어입니 다. 보통 자기의 구태의연한 사고방식을 타인에게 강요하는 것 을 '꼰대질'이라고 말합니다. 어찌 보면 '꼰대', '꼰대질'이라는 말은 한 시대를 앞서 살았던 이들이 듣기에는 굉장히 거북한 단어일 수 있습니다.

하나님의 사람이여, 도전하라!

우리의 신앙이 현재진행형이 되지 못하고 과거에 머물러 있으면, 과거의 하나님만을 자랑하고 오늘의 하나님을 믿지 못하면, 그 사람이 바로 신앙의 꼰대입니다. 신앙은 명사가 아니라 동사입니다. 그래서 오늘도 선한 싸움을 싸우고 푯대를 향하여 달려가는 사람은 나이를 먹어도 결코 꼰대가 될 수 없습니다. 우리 하나님은 과거에만 함께하신 하나님이 아니라 지금 이 순간에도 함께하시는 오늘의 하나님입니다.

과거, 현재, 미래의 하나님

성경에 계시된 하나님은 과거의 하나님, 현재의 하나님, 미래의 하나님입니다. 성경은 우리가 받은 구원을 말할 때에도 과거의 구원, 현재의 구원, 미래의 구원으로 설명합니다.

과거의 구원은 내가 예수를 그리스도로 믿음으로 모든 죄를 사함 받고 영생을 얻어 하나님의 자녀가 된 것을 말합니다. 미래의 구원은 내가 죽으면 영혼이 육체의 장막을 벗고 하나님 나라에 들어가게 되는 것입니다. 주님이 재림하시는 날, 우리의 육체도 영화롭고 신령한 몸으로 다시 부활하게 될 것입니다. 하지만 지금 우리는 두렵고 떨림으로 우리가 받은 구원을 이루어 가야 합니다. 영적 전쟁과 말씀의 순종을 통해 날마다 주님을 닮아 가야 합니다. 이렇게 구원의 시제는 셋이지만 구원은 하나입니다.

마찬가지로 하나님은 한 분이시지만, 과거에도 역사하셨고 지금도 살아 역사하시며 장래에도 우리와 함께하실 것입니다. 그래서 사도 요한은 계시록에서 주님을 계시하면서 "이제도 계시고 전에도 계셨고 장차 오실 이"(계 1:4)라고 했습니다.

현재 시제의 하나님

하지만 구원을 받고 이 땅을 살아가는 우리에게는 오늘의 하나님이 중요합니다. 그 이유는 다음과 같습니다.

첫째, 하나님의 시제가 현재이기 때문입니다.

> "주 하나님이 이르시되 나는 알파와 오메가라 이제도 있고 전에도 있었고 장차 올 자요 전능한 자라"(계 1:8).

주님은 사도 요한을 통해서 자신을 '알파와 오메가'라고 말씀하셨습니다. 알파와 오메가는 '처음과 나중'이라는 뜻입니다. 또한 '이제도 있고 전에도 있었고 장차 올 자'라고 말씀하셨습니다. 이 말씀을 근거로 생각해 보면 하나님의 시제는 항상 현재입니다.

우리는 보통 시제를 말할 때 습관적으로 과거와 현재, 미래

순으로 말합니다. 하지만 신약 성경의 원어인 헬라어에서는 중요한 것을 강조할 때 가장 먼저 그 단어를 사용합니다. 주님 역시 자신을 계시하실 때 과거와 미래보다는 현재를 강조하며 현재, 과거, 미래의 순서로 말씀하십니다. 과거의 하나님, 미래의 하나님이 아닌 오늘의 하나님을 강조하십니다. 하나님의 시제가 항상 현재이기 때문입니다.

그런데 우리는 과거의 하나님만 믿고 의지할 때가 많습니다. 물론 과거의 하나님도 중요합니다. 성경의 말씀도 사건도 모두 과거에 일어난 것들의 기록입니다. 복음도 마찬가지입니다.

예수님은 2천 년 전 인간의 몸을 입고 이 세상에 오셨습니다. 고난을 받고 십자가에 달려 죽으셨습니다. 그리고 사흘 만에 부활하셨습니다. 이후 승천하셨고 마침내 성령을 보내 주셨습니다. 이 모두는 과거의 일입니다. 이 사실을 믿지 않는다면 구원받을 수 없습니다. 그러니 과거의 하나님도 중요합니다.

또 예수님은 미래에 심판의 주로 다시 오실 것입니다. 각 사람을 심판하실 것입니다. 만왕의 왕으로서 우리를 영원히 통치하실 것입니다. 우리의 영혼이 육체의 장막을 벗고 이 땅을 떠나는 날, 주님은 가장 먼저 우리의 눈물을 닦아 주실 것입니다. 그래서 우리는 다시 오실 주님을 기다리며, 영광스러운 그날을 소망하며, 오늘을 이기며 살아갑니다. 미래의 하나님 역시 중요합니다.

그러나 이 땅을 살아가는 우리에게는, 오늘을 살아가는 우리에게는, 오늘의 하나님이 더 중요합니다. 물론 시간과 공간의 지배를 받지 않는 영이신 하나님을 제한된 개념으로 이해한다는 것이 모순처럼 생각될 수 있습니다. 하지만 이 땅에 발을 딛고 시간과 공간의 개념 안에서 살아가는 한, 지금 살아 역사하시는 하나님을 날마다 만나는 것이 중요합니다.

예수님은 부활을 믿지 않는 사두개인들에게 이렇게 말씀하셨습니다.

"하나님은 죽은 자의 하나님이 아니요 산 자의 하나님이시라 너희가 크게 오해하였도다 하시니라"(막 12:27).

하나님은 사두개인처럼 죽음을 생각하고 죽음의 한계에 갇혀 있는, 죽은 자의 하나님이 아닙니다. 지금 살아 역사하시는 오늘의 하나님입니다.

히브리서 기자는 "예수 그리스도는 어제나 오늘이나 영원토록 동일하시니라"(히 13:8)고 말합니다. 무슨 말입니까? 하나님은 천지를 창조하실 때에만, 구약 시대나 초대교회 당시에만 역사하셨던 분이 아니라, 지금도 변함없이 우리를 사랑하시고 기도에 응답하시고 살아 역사하시는 분이라는 것입니다. 히브리서 기자는 언제 이 말을 했을까요?

하나님의 사람이여, 도전하라!

"돈을 사랑하지 말고 있는 바를 족한 줄로 알라 그가 친히 말씀하시기를 내가 결코 너희를 버리지 아니하고 너희를 떠나지 아니하리라 하셨느니라"(히 13:5).

'예수 그리스도는 어제나 오늘이나 영원토록 동일하다'는 말씀은 '돈을 사랑하지 말라'는 말씀을 배경으로 합니다. 돈에 대한 사람들의 사랑은 절대적입니다. 한평생 돈만 쫓다 마는 사람도 많습니다. 그러나 돈은 절대로 우리를 사랑하지 않습니다. 우리 안에 계속 머물러 있지 않습니다. 우리를 배신하고 떠나기도 합니다. 하지만 하나님은 어제나 오늘이나 영원토록 동일하게 우리를 사랑하십니다. 나를 버리지도 떠나지도 않겠다고 말씀하십니다.

오늘의 하나님이 중요한 이유가 무엇입니까?

둘째, 지금 내가 오늘을 살고 있기 때문입니다. 우리는 미래에 살고 있지 않습니다. 어제는 이미 과거의 인생으로 지나갔습니다. 그러므로 주님의 사랑과 위로도 오늘 우리에게 필요합니다. 성령의 은사와 능력도, 기도의 응답도 오늘 필요합니다. 영적 전쟁의 승리도 마찬가지입니다. 죽은 다음에는 필요 없습니다. 생각해 보십시오. 천국에 가 있는 우리에게 이 땅에서의 능력이나 기도 응답이 왜 필요하겠습니까? 이 모든 것은 오늘을 살아가는 우리에게 필요합니다.

신앙은 과거의 어떤 상태가 아닙니다. 현재입니다. 그러므로 지난날에 십자가 은혜를 뜨겁게 경험했다면, 오늘도 그 뜨거움을 누리며 살아야 합니다. 과거에 십자가 사랑을 만났다면, 오늘도 그 사랑을 만나야 합니다. 과거에 주님을 만나 온 맘 다해 사랑했다면, 오늘도 온 맘 다해 주님을 사랑해야 합니다. 과거에 주님과 동행했다면, 오늘도 주님과 동행하는 삶을 살아야 합니다.

과거에 하나님의 선하심과 능력을 아무리 많이 경험했어도 지금 경험하지 못한다면 그것이 무슨 의미가 있습니까? 과거에 하나님의 사랑을 많이 누리며 살았어도 지금 이 순간 누리지 못한다면 무슨 의미가 있습니까?

이상하게도 많은 그리스도인이 과거의 하나님만 섬깁니다. 그리고 미래의 하나님만 의지합니다. 과거에 대한 추억과 미래에 대한 소망만으로 신앙생활을 하고 있습니다.

저도 한때는 그랬습니다. 과거의 하나님에 대해서는 확신을 가지고 설교했습니다. 미래의 주님에 대해서도 자신 있게 전했습니다. 그러나 오늘의 하나님에 대해서는 담대히 설교하지 못했습니다. 오늘 내 삶의 무대에 역사하시는 그 하나님을 경험하지 못했기 때문입니다. 지금 내 삶에 함께하시는 하나님에 대한 확신이 없었기 때문입니다.

왜 오늘의 하나님을 만나지 못하는가

우리에게 오늘의 하나님이 없는 이유는 무엇일까요? 신앙생활은 오래했는데 왜 과거의 하나님만 있고 오늘의 하나님은 없을까요? 하나님의 말씀을 말씀대로 믿지 않기 때문입니다.

> "비와 눈이 하늘로부터 내려서 그리로 되돌아가지 아니하고 땅을 적셔서 소출이 나게 하며 싹이 나게 하여 파종하는 자에게는 종자를 주며 먹는 자에게는 양식을 줌과 같이 내 입에서 나가는 말도 이와 같이 헛되이 내게로 되돌아오지 아니하고 나의 기뻐하는 뜻을 이루며 내가 보낸 일에 형통함이니라"(사 55:10-11).

하늘에서 내린 비는 결코 헛되지 않습니다. 땅을 적시고 싹이 나게 하며 소출의 기쁨을 안겨 줍니다. 이는 너무나 분명한 자연의 원리입니다. 하나님의 말씀은 이보다 더욱 분명합니다. 헛되이 돌아오지 않고 반드시 하나님의 기쁘신 뜻을 이룹니다. 주님이 명하여 보내신 일을 형통하게 합니다. 그런데 우리는 하나님의 말씀을 머리로만 알고 있을 뿐, 그 말씀을 붙잡고 믿음으로 선포하며 나아가지 않습니다.

주님이 "세상 끝날까지 너희와 항상 함께 있으리라"(마

28:20b)고 말씀하셨다면, 어떤 상황에서도 하나님이 나와 함께 하심을 믿어야 합니다. "기도 외에 다른 것으로는 이런 종류가 나갈 수 없느니라"(막 9:29)고 말씀하셨다면, 기도의 무릎을 꿇어야 합니다. "마귀를 대적하라 그리하면 너희를 피하리라"(약 4:7b)고 말씀하셨다면, 예수님의 이름으로 마귀를 대적해야 합니다. 하나님이 "네 앞에 있는 골리앗을 향하여 나아가라"고 말씀하시면, 내게 주신 말씀의 물맷돌을 들고 나아가야 합니다. 내 앞에 있는 골리앗이 아무리 크고 두려워 보여도 말입니다.

하지만 우리는 그렇게 하지 않습니다. 내가 가지고 있는 이성과 상식, 경험을 근거로 하나님의 말씀을 제한합니다. 성령의 역사를 계산합니다. 그러니 오늘 내 삶에 역사하시는 그 신실하신 하나님을 만날 수가 없는 것입니다.

성경을 보면 기적은 언제나 말씀을 믿고 그대로 행할 때 일어납니다. 그런데 많은 사람들이 성령의 은사와 능력은 성경이 주어지지 않았던 초대교회 시대에만 국한된 것이라고 말합니다. 그 말에 동의할 수 없습니다. 그 시대보다 지금 우리가 살고 있는 이 시대가 더 악하고 음란하고 패역하지 않습니까? 지금이야말로 더 강력한 성령의 은혜와 능력이 필요한 시대입니다.

하나님의 사람이여, 도전하라!

오늘, 어제보다 더 깊은 은혜를 경험하라

다윗은 과거의 하나님이 아니라 오늘의 하나님에 대한 믿음으로 골리앗을 향해 나아갔습니다. 지금 싸우는 사람에게는 지금 당장의 은혜가 필요합니다. 과거의 은혜는 기억이고 추억일 뿐입니다. 오늘 우리에게는 지금 살아 역사하시는 하나님이 필요합니다. 매일 새롭게 채워지고 새롭게 경험하는 새로운 은혜가 필요합니다. 어제보다, 지금까지보다 더 깊은 은혜를 매일 새롭게 경험하십시오. 쏟아지는 은혜에 흠뻑 젖는 오늘의 신앙으로 골리앗을 향해 도전하십시오. 믿음의 발걸음을 내딛는 모든 순간마다 주님의 보호와 인도를 경험하며 세상과 충돌하십시오. 그리하여 말씀대로 행하시는 신실하신 하나님을 우리 삶의 현장에서 볼 수 있기를 주님의 이름으로 축원합니다.

9
○

그 너머의 목적을 기억하다
사무엘상 17장 46-49절

"나는 녹슬어 없어지기보다 닳아 없어지기를 원하노라."

성령에 사로잡혀 평생 복음 전하는 일에 헌신했던 조지 휫필
드 목사의 고백입니다. 하지만 이는 우리의 각오와 부지런으로
이룰 수 있는 일이 아닙니다. 하나님이 택하지 않으시면 우리
인생은 그저 허무하고 헛헛할 뿐입니다.

준비된 사람

그렇다면 하나님은 어떤 사람을 통해 그분의 영광을 나타내실
까요? 하나님은 전능하셔서 누구나 택하여 모든 일을 하실 수
있지만 아무나 택하지는 않으십니다. 하나님은 준비된 사람을
들어 쓰십니다. 다윗이 골리앗을 무너뜨릴 수 있었던 것은 그가
잘 준비되었기 때문입니다.

하나님의 사람이여, 도전하라!

성경은 "다윗이 이같이 물매와 돌로 블레셋 사람을 이기고 그를 쳐죽였"(50절)다고 기록합니다. 다윗의 무기는 칼과 창이 아닌 물매와 돌멩이였습니다.

> "블레셋 사람이 일어나 다윗에게로 마주 가까이 올 때에 다윗이 블레셋 사람을 향하여 빨리 달리며 손을 주머니에 넣어 돌을 가지고 물매로 던져 블레셋 사람의 이마를 치매 돌이 그의 이마에 박히니 땅에 엎드러지니라"(48-49절).

목동 다윗은 평소 냇가에 있는 돌을 주워 호주머니에 넣고 다니면서 사자와 곰이 나타나면 물매로 돌을 던져서 양떼를 지켰습니다. 목동 다윗의 생활을 상상해 봅시다. 하루 종일 말할 사람도 없이 혼자 양떼들만 지켜봐야 하는 삶이 얼마나 무료하겠습니까? 어쩌면 다윗은 들판 한쪽에 앉아 돌무더기를 쌓아놓고 그 돌이 다 없어질 때까지 물매질을 하면서 시간을 보냈을지도 모릅니다. 물매질이야말로 갑작스런 위험에서 그의 소중한 양떼를 보호할 수 있는 거의 유일한 방법이기 때문입니다. 마침내 다윗은 돌 던지는 것만큼은 누구도 따라올 수 없는 최고의 명사수가 되었습니다. 다른 어떤 것보다 물매질만큼은 자신 있었습니다.

골리앗을 향해 나아가던 다윗은 사울 왕이 준 놋 투구와 갑옷, 칼까지 다 벗어 버립니다. 대신 자신에게 익숙한 막대기와 시냇가에서 주운 매끄러운 돌 다섯 개를 주머니에 넣고 물매를 들고 나갑니다. 이유가 무엇입니까? 칼을 사용할 줄 몰라서일까요? 왕이 주는 크고 단단한 무기보다 돌과 물매가 그의 손에 훨씬 더 익숙했기 때문입니다.

우리 눈에는 물매가 보잘 것 없어 보일지 모릅니다. 하지만 당시에는 이 물매가 전쟁터에서 유용한 무기로 사용되었습니다. 사사기 20장에는 왼손잡이 용사 7백 명이 나오는데 그들의 물매질은 조금도 빗나가지 않고 정확했다고 합니다.

"이 모든 백성 중에서 택한 칠백 명은 다 왼손잡이라 물매로 돌을 던지면 조금도 틀림이 없는 자들이더라"(삿 20:16).

물맷돌에는 어떤 의미가 있을까요? 바로 준비됨입니다. 목동 다윗은 물맷돌로 목표를 맞추는 것에 잘 훈련되고 준비되어 있었습니다.

하나님은 준비된 자를 쓰십니다. 다윗처럼 준비된 자에게 은혜를 베푸십니다. 내게 없는 것이 아니라 지금 내 손에 있는 것, 내게 익숙한 바로 그것을 도구로 사용하십니다. 지금 내게 있는 것으로 기적을 행하십니다. 하나님은 홍해를 가를 때에도, 반석에서 물을 낼 때에도, 모세의 손에 있는 지팡이를 사용하셨습니다. 오병이어의 기적 역시 어린 아이의 손에 있던 보리떡 다섯 개와 물고기 두 마리로 행하셨습니다. 하나님은 지금 우리의 손에 있는 그것을 통하여 기적을 일으키십니다. 우리에게 익숙한 그것으로 승리하게 하십니다. 내게 없는 것을 만들어 가지고 나아가려고 하지 마십시오. 하나님이 이미 주신 은사와 달란트를 사용하십시오.

송명희 시인은 뇌성마비 환자입니다. 몇 년 전부터 목 디스크와 노화가 겹쳐 이제는 전신이 마비되어 예전보다 더한 고통 속에서 하루하루를 살아가고 있다고 합니다. 평생을 괴롭히는 육체의 고통이야말로 그녀에게는 자신의 삶에 버티고 있는 골리앗일 것입니다.

하지만 시인은 말로 다 할 수 없는 고통을 겪으면서도 하나님이 주신 것들에 집중합니다. 오히려 세상이 줄 수 없는 평안 속에서 감사로 주의 이름을 찬양합니다.

송명희 시인이 직접 가사를 쓴 찬양 〈나〉입니다.

나 가진 재물 없으나 나 남이 가진 지식 없으나
나 남에게 있는 건강 있지 않으나 나 남이 없는 것 있으니
나 남이 못 본 것을 보았고 나 남이 듣지 못한 음성 들었고
나 남이 받지 못한 사랑 받았고 나 남이 모르는 것 깨달았네
공평하신 하나님이 나 남이 가진 것 나 없지만

시인은 재물도 지식도 건강도 없지만, 날마다 기도의 골방에서 하나님의 음성을 듣고 하나님을 깨닫는다고 고백합니다. 실제로 시인은 휠체어를 타고 1,500여 회의 강연을 했고, 뒤틀린 손으로 24권의 책을 썼습니다. 오늘도 송명희 시인은 낙망하지 않고, 하나님이 자기에게 주신 것으로 인생 앞에 놓인 골리앗을 향하여 도전하는 삶을 살고 있습니다.

하나님은 지금도 그분의 사람을 찾으십니다. 어떤 사람을 찾으십니까? 내가 살고 있는 이 삶, 이 현장에 충실한 사람입니다. 나에게 익숙한 바로 그 일을 열심히 하는 것이 하나님의 일을 위한 가장 중요한 준비입니다.

하나님이 언제 그분의 종 다윗을 택하셨는지 보십시오.

"또 그의 종 다윗을 택하시되 양의 우리에서 취하시며 젖 양을 지키는 중에서 그들을 이끌어 내사 그의 백성인 야곱, 그의 소유인 이스라엘을 기르게 하셨더니"(시 78:70-71).

하나님은 베들레헴 들판에서 목숨을 걸고 자신의 양떼를 지키는 한 목동을 보셨습니다. 그 많은 시간 동안 자신의 양떼를 지키기 위해 끊임없이 물맷돌을 던지는 다윗을 보셨습니다. 그리고 그를 골리앗을 물리치는 자로, 또한 이스라엘의 왕으로 택하셨습니다.

지금 내 앞에 있는 골리앗을 무너뜨리고 싶습니까? 영적 전쟁에서 승리하고 싶습니까? 한 시대에 하나님의 손에 붙들려 귀하게 쓰임 받기를 원하십니까? 그렇다면 내게 없는 것을 보지 마십시오. 남이 가지고 있는 것을 부러워하지 마십시오. 내가 처한 상황에 불평하지 말고, 지금 주어진 일을 사랑하고 그 일에 성의를 보이십시오. 내가 처한 상황을, 날마다 하는 그 일을 시시하게 여기지 마십시오. 언젠가 하나님이 원하실 때 그것을 익숙하게 사용할 수 있도록 훈련하고 준비하십시오. 지금 하나님이 여러분에게 주신 것을 잘 활용하십시오. 그렇게 보낸 오늘 하루는 하나님이 쓰실 언젠가를 위한 최고의 준비입니다.

세계적인 발레리나였던 강수진 국립발레단 예술 감독은 1986년 열아홉의 나이로 슈투트가르트발레단에 최연소로 입단해 10년 만인 1996년에 수석 무용수 자리에 올랐습니다. 1999년에는 무용계의 노벨상이라 불리는 '브누아 드 라 당스'(Benois de la Danse)를 동양인 최초로 수상했습니다. 그녀는 매일 열아홉 시간씩 연습하며, 하루에 네 켤레의 토슈즈를 갈아치웠다고 합니다. 한때 인터넷에서 박지성 전 국가대표 선수와 강수진 감독의 울퉁불퉁한 발이 화제가 된 적이 있었습니다. 못생겼지만 부끄럽지 않은, 오히려 자랑스러운 그들의 발은 그들이 자신에게 주어진 하루하루를 어떻게 채웠는지 그대로 보여 줍니다.

이영표 전 국가대표 축구 선수도 남들보다 키가 작아서 축구를 하는 데 어려움이 있었습니다. 그는 단신이라는 단점을 극복하고 더 빠르게 달리기 위해 매일 줄넘기를 천 개씩 했습니다. 처음에는 백 개를 열 번씩 하다, 2년 뒤에는 이단 뛰기 천 개를 한 번에 할 수 있게 되었습니다.

누구든 오늘의 일상을 땀과 정성으로 채우지 않으면 내일의 영광은 결코 기대할 수 없습니다.

그럼에도 불구하고 하나님의 은혜

다윗 역시 주어진 일에 최선을 다했고 잘 준비되었기에 골리앗을 무너뜨릴 수 있었습니다. 하지만 다윗은 오직 하나님이 자신과 함께하셨기 때문에 승리했다고 고백합니다. 그는 자신의 힘과 실력으로 골리앗을 무너뜨렸다고 생각하지 않았습니다.

"너는 소년이고 골리앗은 장수이기 때문에 나가서 싸울 수 없다"는 사울 왕의 만류에 다윗이 답합니다.

"또 다윗이 이르되 여호와께서 나를 사자의 발톱과 곰의 발톱에서 건져 내셨은즉 나를 이 블레셋 사람의 손에서도 건져 내리시리이다"(37절a).

하나님의 사람이여, 도전하라!

다윗은 자신의 실력과 재주로 양의 새끼를 곰과 사자의 발톱에서 건져 냈다고 말하지 않습니다. '여호와께서 나를 사자의 발톱과 곰의 발톱에서 건져 내셨다'고 말합니다. 그리고 이어서 이렇게 말합니다. "여호와께서 나를 이 블레셋 사람의 손에서도 건져 내실 것입니다."

무슨 말입니까? 하나님이 함께하심으로 곰과 사자와의 싸움에서 승리할 수 있었던 것처럼, 하나님이 함께하심으로 골리앗과의 싸움에서도 승리할 수 있다는 것입니다. 단순하면서도 엄청난 믿음입니다. 다윗은 골리앗을 향해 나아갈 때에도 이렇게 외칩니다.

> "오늘 여호와께서 너를 내 손에 넘기시리니 내가 너를 쳐서 네 목을 베고"(46절a).

> "전쟁은 여호와께 속한 것인즉 그가 너희를 우리 손에 넘기시리라"(47절b).

하나님이 골리앗을 자신의 손에 넘기셨다고 말합니다. 그리고 고백합니다. 전쟁은 여호와께 속한 것이라고, 전쟁의 승패는 결국 하나님의 손에 달려 있다고 말입니다.

다윗은 하나님의 은혜로 승리할 것을 알았습니다. 그렇습니다. 우리가 아무리 최선을 다해 준비했더라도 하나님이 함께하지 않으시면, 주께서 은혜를 베풀지 않으시면 결코 승리할 수 없습니다.

코로나19의 확산으로 많은 사람이 고통을 겪고 있습니다. 중국 우한에서 시작된 바이러스 감염증이 우리나라에 들어와 지역 감염으로 확산되면서 대한민국 전체가 몸살을 앓고 있습니다. 2020년 6월 현재 사망자가 3백 명에 육박하고, 1만 3천여 명이 확진 판정을 받았습니다. 뿐만 아닙니다. 전 세계적으로도 확진자 수가 1천만 명을 넘어섰고, 누적 사망자도 50만 명 이상 나왔습니다. 아마 집계가 불가능한 제3세계까지 포함하면 더욱 혼돈스러운 수치가 나올 것입니다. 이로 인해 세계 곳곳에서는 정부 주도 하에 강력한 봉쇄령이 내려져 지역 간의 이동이 금지되고 심한 경우 집밖으로 나오지도 못하는 일도 생겼습니다. 이전에는 상상도 못했던 혼란의 시기를 우리는 지금 겪고 있습니다.

나라가 어려울 때는 그 아픔에 동참해야 합니다. 이 땅을 향한 주님의 마음을 품고, 아버지의 얼굴을 구하며 간절히 기도해야 합니다. 이와 함께 더는 바이러스가 확산되지 않도록 모든 일에 조심해야 합니다. 철저하게 마스크를 착용하고 손을 자주 씻는 등 청결을 유지하고, 감염 위험이 있는 밀폐된 공간에서의 만남도 가급적 피해야 합니다. 이에 우리 교회도 하나님의 몸

된 공동체를 보호하고 사회적 책임을 다하기 위해 처음으로 예배당을 폐쇄하고 인터넷으로 영상 예배를 드리게 되었습니다. 지금은 온 국민이 하나 되어 코로나 바이러스 차단을 위해 힘써야 합니다.

그러나 우리의 노력과 수고만으로는 이 문제를 온전히 해결할 수 없습니다. 주님의 은혜가 필요합니다. 하나님의 긍휼이 필요합니다. 그러므로 우리는 각자의 생활에서 최선을 다하면서도 오직 가난하고 간절한 마음으로 주님의 얼굴을 구하며 기도의 무릎을 꿇어야 합니다.

목적을 분명히 하라

골리앗을 향해 도전하는 사람은 누구입니까? 하나님은 골리앗 앞에 어떤 사람을 세우십니까?

목적이 분명한 사람입니다. 다윗은 목적이 분명했습니다. 골리앗을 향해 나아갈 때, 지금 내가 왜 싸워야 하는지를 정확하게 알았습니다.

"오늘 여호와께서 너를 내 손에 넘기시리니 내가 너를 쳐서 네 목을 베고 블레셋 군대의 시체를 오늘 공중의 새와 땅의 들짐승에게 주어 온 땅으로 이스라엘에 하나님이 계신 줄 알게 하겠고"(46절).

　다윗은 골리앗과의 싸움을 통해 이스라엘에 하나님이 계심을 알리고 싶었습니다. 온 땅에 하나님만이 살아 계신 하나님이심을 나타내 보이고 싶었습니다. 이 전쟁을 바라보는 사람들에게 여호와의 구원이 칼과 창에 있지 않다는 것을 드러내고 싶었습니다.

　"또 여호와의 구원하심이 칼과 창에 있지 아니함을 이 무리에게 알게 하리라"(47절a).

　더 나아가 이 전쟁이 하나님께 속한 것임을 증명해 보이고 싶었습니다.

　"전쟁은 여호와께 속한 것인즉 그가 너희를 우리 손에 넘기시리라"(47절b).

　사울 왕과 온 이스라엘 백성에게만이 아니라 블레셋 사람들에게도 하나님만이 살아 계신 참 하나님이심을 드러내 보이고 싶었습니다. 다윗이 골리앗과 싸우기 위해 나아간 이유가 무엇입니까? 사울 왕의 사위가 되기 위해서입니까? 부자가 되기 위

하나님의 사람이여, 도전하라!

해서입니까? 사람들로부터 칭송을 받기 위해서입니까? 시대의 영웅이 되기 위해서입니까? 아닙니다.

다윗은 하나님의 이름을 모독하고 하나님을 조롱하며 하나님이 죽었다고 말하는 골리앗에게, 내가 믿는 하나님은 살아 계신 하나님이시고 능력의 하나님이심을 똑똑히 보여 주고 싶었습니다. 겁에 질려 두려움에 떨고 있는 사울 왕과 이스라엘 백성에게는, 이스라엘의 구원은 하나님의 손에 있음을 가르쳐 주고 싶었습니다.

다윗은 오직 하나님의 명예, 하나님의 영광을 위해 골리앗에게로 나아갔던 것입니다. 다윗에게는 골리앗을 향해 나가 싸워야 하는 목적이 분명했습니다. 우리도 마찬가지입니다. 무슨 일을 하든지 그 목적이 분명해야 합니다. 신앙생활만이 아니라 새로운 사업을 할 때에도, 직장생활을 할 때에도, 공부를 할 때에도, 심지어는 누군가를 만날 때에도 그 일을 해야 하는 이유를 분명히 새겨야 합니다.

영국의 유명한 철학자이자 비평가인 토머스 칼라일(Thomas Carlyle)은 "목적이 없는 사람은 키 없는 배와 같다"고 말했습니다. 더 나아가 목적 없이 사는 사람은 "한낱 떠돌이요 심지어 인간이라 부를 수 없는 사람이다"라고 했습니다.

목적 없이 사는 사람은 바람 부는 대로, 물결치는 대로 아무렇게나 살아갑니다. 닥치는 대로 인생을 살아갑니다. 영국의 극

작가 버나드쇼(George Bernard Shaw)는 자신의 묘비에 이런 글을 남겼습니다. "우물쭈물 하다가 내 이렇게 될 줄 알았지." 우물쭈물하며 이리저리 휩쓸리다 인생을 망친 사람들이 너무나 많습니다. 하루를 살더라도 목적이 분명해야 합니다. 분명한 목적이 우리의 삶 전체를 이끌고 가도록 해야 합니다.

성경은 우리가 이 땅에서 살아가는 이유와 목적을 분명히 말합니다.

"그런즉 너희가 먹든지 마시든지 무엇을 하든지 다 하나님의 영광을 위하여 하라"(고전 10:31).

소요리문답 제1문에는 사람의 제일 되는 목적이 "하나님을 영화롭게 하며 영원토록 그를 즐거워하는 것이라"라고 되어 있습니다.

클레이튼 커쇼(Clayton Kershaw)는 미국 메이저리그(MLB)의 최고 투수 중 한 명입니다. 그는 아내와 함께 쓴 책 *Arise: Live Out Your Faith and Dreams on Whatever Field You Find Yourself* (일어나라: 어디에서든 네 믿음과 꿈을 펼쳐라)에서 "이제 하나님께 영광을 돌리는 것이 우리 삶의 목적이라 믿으며 인생을 항해하고 있다"라고 말합니다. 독실한 그리스도인인 그는 "나는 야구선수이기 전에 그리스도인이다"라고 고백하며 시즌이

136

하나님의 사람이여, 도전하라!

끝나면 아프리카 잠비아에 자신이 세운 보육원으로 선교를 떠납니다.

그리스도인은 하나님의 사람으로서의 목적이 분명해야 합니다. 그 목적이 삶 전체를 이끌도록 해야 합니다. 하나님의 사람은 '무슨 일을 하는가'보다 '왜 그 일을 해야 하는가'가 더 중요합니다.

미국의 대표적인 복음주의 목회자 에이든 토저(A. W. Tozer)도 "거룩한 일을 결정하는 기준은 그 사람이 '무엇'을 하는가가 아니라 '왜' 그 일을 하는가이다"라고 말했습니다.

이 싸움 너머의 목적을 위하여

다윗은 몰랐습니다. 하나님이 나를 어떻게 쓰실지, 나의 내일이 어떻게 바뀔지 알지 못했습니다. 그저 주어진 하루하루를 성실함으로 채웠을 뿐입니다.

다윗은 누구보다 잘 알았습니다. 나보다 키가 두 배나 더 큰 골리앗을 이길 수 있었던 것은 하나님 때문이라는 것을, 이 싸움은 처음부터 끝까지 하나님의 싸움이라는 것을 잘 알았습니다.

다윗은 오직 이 싸움을 통해 하나님이 하나님 되심을 모든 사람들이 알게 되기를 원했습니다. 그리고 하나님은 다윗의 그 소원을 이루셨습니다.

우리를 통해 하나님의 살아 계심이 드러나기를 원합니다. 하나님의 사랑과 선하심이 우리 삶을 통해 선명하게 드러나기를 원합니다. 하나님의 위대하심과 신실하심이 우리 교회를 통해 이 땅의 많은 사람에게 드러나기를 원합니다. 하나님은 오늘도 그분을 향한 목표에 이끌려 살아가는 사람을 찾으십니다. 주어진 오늘을 귀하게 여기며 감사할 줄 아는 철저하게 준비된 사람을 찾으십니다. 여러분이 하나님이 찾으시는 바로 그 사람이 되길, 여러분의 삶이 하나님이 원하시는 바로 그 인생이 되길 바랍니다.

하나님의 사람이여, 도전하라!

3부
어떻게 도전하는가

"내가 여호와께서 말씀하신 대로 그들을 쫓아내리이다"
(여호수아 14장 12절)

10

○

오직 하나님께 집중하다

여호수아 6장 1-5절

세상에는 불가능해 보이는 것들이 많습니다. 진시황처럼 불로
장생을 꿈꾸지는 않더라도, 늙지 않고 2백 년 동안 살 수는 없
을까요? 공상 과학 영화에서처럼 순간 이동은 아니더라도, 음
속보다 빠른 속도로 날아다닐 수 있다면 어떨까요? 일주일 만
에 만리장성을, 하루 만에 피라미드를 쌓을 수는 없을까요? 세
상의 모든 학문과 지식을 동원해도 불가능한 것은 불가능한 것
입니다.

하지만 과학문명이 발달하면서 불가능하다고 생각했던 영역
들이 점차 가능한 일이 되고 있습니다. 인간이 우주를 여행하
고, 토끼가 방아를 찧는 달나라에 간다는 것은 상상 속에서나
가능한 일이었지만, 이미 오래 전에 현실이 되었습니다. 마라톤
에서는 케냐의 일리우드 킵초게(Eliud Kipchoge) 선수가 1시간
59분 40.2초의 기록을 세워 불가능해 보이는 마의 2시간대 벽

하나님의 사람이여, 도전하라!

이 깨졌습니다. 애니메이션을 보면 주인공들이 특별한 파이프를 타고 고속으로 이동하는 장면이 종종 등장합니다. 실제로 공기 저항이 없는 지하를 통해 시속 1,200킬로미터를 달리는 캡슐형 하이퍼루프가 곧 현실화될 수 있다고 합니다. 이것이 상용화되면 서울에서 부산까지 20분 만에 주행하게 됩니다.

이처럼 기술문명은 계속 발전하고 있지만 그럼에도 인간의 힘과 능력으로는 결코 해결할 수 없는 것이 있습니다. 바로 죄와 죽음의 문제입니다. 죄와 죽음의 문제는 누구도, 어떤 과학문명도 해결할 수 없는 불가능의 영역입니다.

난공불락의 여리고성

본문에는 인간의 힘으로는 결코 해결할 수 없는 난공불락의 성이 나옵니다. 애굽에서 해방된 이스라엘 백성은 40년의 광야생활을 마치고, 마침내 요단강을 건너 약속의 땅 가나안에 들어왔습니다. 그런데 이게 웬일입니까? 가나안 성읍 중 가장 견고한 여리고성이 가나안 정복의 길을 가로막고 있습니다.

고고학자 존 가스탱(John Garstang) 박사의 조사에 의하면 여리고성은 이중벽으로 되어 있고, 외벽의 두께가 2미터, 내벽의 두께가 4미터, 높이가 10미터나 되는 견고한 성입니다. 누구도 정복할 수 없는 철옹성, 그야말로 난공불락의 요새입니다.

우리 인생에도 이런 난공불락의 여리고성이 있습니다. 말씀에 순종하면서 살아가려고 애쓰지만 철옹성과 같은 여리고성이 우리 앞을 버티고 있을 때가 있습니다.

내 힘으로는 해결할 수 없는 내 인생의 문제들이 곳곳에 있습니다. 내 뜻대로 통제되지 않는 가정과 자녀의 문제들, 현대의학으로는 고칠 수 없는 질병, 의지만으로 해결되지 않는 내 안의 타락한 죄성과 못된 습관들, 내 힘으로는 물리칠 수 없는 어둠의 권세들을 우리는 인생길에서 끊임없이 만납니다.

사실 여리고성은 멀리 있지 않습니다. 누군가를 내 힘으로 사랑할 수 없습니까? 사랑할 수 없는 그 사람이 바로 나의 여리고성입니다. 아무리 발버둥 쳐도 끊어지지 않는 음욕과 옛 습성이 남아 있습니까? 그 또한 내 앞에 있는 여리고성입니다. 이 여리고성은 사실 내 인생에 버티고 있는 골리앗과 같은 의미입니다.

여리고성을 정복하라

하나님은 가나안 땅에 들어온 이스라엘 백성에게 이 크고 견고한 성을 정복하라고 말씀하십니다.

> "여호와께서 여호수아에게 이르시되 보라 내가 여리고와 그 왕과 용사들을 네 손에 넘겨 주었으니"(2절).

하나님은 지도자인 여호수아에게 '내가 여리고와 그 왕과 용사들을 네 손에 넘겨주었다'고 말씀하십니다. 이후 친히 작전 명령을 내리십니다. "내가 승리를 보장할 테니 너는 나가서 여리고성을 정복하라."

하나님은 출애굽한 이스라엘 백성에게 젖과 꿀이 흐르는 가나안 땅을 약속하셨습니다. 이스라엘 백성은 약속의 땅 가나안을 사모하며 40년 광야생활을 견뎌 여기까지 왔습니다. 그런데 난공불락의 여리고성이 가나안의 길목에 버티고 서 있는 것입니다. 이는 여리고성을 정복하지 않고는 가나안을 정복할 수 없다는 것을 말합니다.

가나안은 투쟁과 정복을 통해서만 밟을 수 있는 땅이었습니다. 가나안에 들어간 이스라엘 백성은 죽는 날까지 가나안 원주민을 몰아내는 전쟁을 치러야 했습니다.

그리스도인의 삶 역시 마찬가지입니다. 하나님의 사람인 우리가 바로 지금 그 영적 전쟁의 한복판에 있습니다. 예수님을 믿는다는 것은 가나안 땅에 들어온 것을 의미합니다. 그러므로 이스라엘 백성처럼 여리고성을 정복하고, 가나안 원주민들을 몰아내는 영적 전쟁은 피할 수 없는 숙명입니다. 이 땅에 하나님 나라가 임하고, 내 영혼이 천국에 들어가는 그날까지 끊임없이 치열한 전쟁을 해야 합니다. 전쟁과 승리 없이는 결코 하나님 나라가 확장되지 않기 때문입니다.

영적 전쟁이 없으면 내 앞에 있는 여리고성은 무너지지 않습니다. 전리품 또한 취할 수 없습니다. 영적 전쟁이 없으면 예수님을 믿어도 내가 누릴 수 있는 것이 없습니다. 예수님이 마귀의 일을 멸하고 승리하신 그 십자가의 승리가 내 것이 될 수 없습니다. 또한 영적 전쟁이 없으면 내 믿음이 성장하지 않습니다. 예수님도 하나님 나라는 침노하는 자의 것이라고 말씀하셨습니다.

하지만 신앙생활은 하면서 영적 전쟁을 하지 않는 사람이 많습니다. 그들은 혈과 육을 가진 사람들과는 곧잘 싸우면서 내 인생의 여리고성을 정복하고 가나안 원주민을 몰아내는 영적 전쟁에는 참전하지 않습니다. 만일 내 인생에 영적 전쟁이 없다면 나는 가나안 땅에 들어오지 못했거나 여전히 광야에 있는 사람일 수 있습니다. 구원받은 하나님의 사람에게 영적 전쟁은 선택이 아니라 필수입니다.

하나님의 전략

하나님은 두 가지 작전 명령을 주셨습니다.

첫째는 "여리고성을 열세 번 돌라"는 것이었습니다.

> "너희 모든 군사는 그 성을 둘러 성 주위를 매일 한 번씩 돌되

엿새 동안을 그리하라 제사장 일곱은 일곱 양각 나팔을 잡고 언약궤 앞에서 나아갈 것이요 일곱째 날에는 그 성을 일곱 번 돌며 그 제사장들은 나팔을 불 것이며"(3-4절).

하나님은 이스라엘 백성이 여리고성을 엿새 동안은 매일 한 번씩, 칠일 째에는 일곱 번을, 합쳐서 총 열세 번 돌게 하셨습니다. 하나님이 굳이 이렇게 명하신 이유가 무엇일까요?

온전한 순종을 가르치시기 위해서입니다. 하나님이 함께하시는 전쟁에서는 온전한 순종이 기적을 일으킵니다. 사실 이스라엘 백성이 새벽에 일어나 행군 대형을 갖추어 여리고성을 돈다는 것은 결코 쉬운 일이 아닙니다. 형식적으로 몇 번 돌고 끝낼 수도 있습니다. 성격 급한 사람은 열세 번을 하루에 다 돌아버릴 수도 있습니다. 그러나 하나님은 온전한 순종을 요구하셨습니다. 그리고 그 온전한 순종을 통해 크고도 놀라운 기적을 행하셨습니다.

나아만 장군은 엘리사 선지자가 "요단 강에 몸을 일곱 번 씻으라 네 살이 회복되어 깨끗하리라"(왕하 5:10b)고 말했을 때, 자신의 생각을 내려놓고 온전히 순종했습니다. 그가 끝까지 순종하자 한센병이 깨끗하게 낫는 기적이 일어났습니다. 만일 물이 더러워 전혀 나을 기미가 보이지 않는다며 여섯 번까지만 씻고 그만두었다면 어떻게 되었겠습니까? 기적은 일어나지 않았을 것입니다.

하나님의 사람은 말씀 앞에 자기 생각을 내려놓고 온전히 순종해야 합니다. 인간은 하나님이 행하시는 일을 모두 이해할 수 없기 때문입니다. 온전한 순종은 온전한 신뢰에서 나옵니다.

한 성직자가 이렇게 말했습니다.

"한 번의 순종이 상황을 바꾸지 않을 수 있다. 그러나 온전한 순종은 반드시 상황을 바꾼다."

그렇습니다. 몇 번의 순종으로는 아무 일도 일어나지 않을 수 있습니다. 한 번의 순종은 상황을 바꾸지 못할 수도 있습니다. 그러나 온전한 순종은 상황을 바꿉니다. 온전한 순종은 기적을 일으킵니다.

그럼 하나님은 왜 열세 번이나 여리고성을 돌게 하셨을까요? 하나님만 바라보고 의지하도록 하기 위해서입니다. 실제로 여리고성은 가파른 경사지의 정상에 있었습니다. 적들의 침략에 대비해 성 밖으로 3-4미터 높이의 석조 장애물들이 있었고, 성벽은 외벽과 내벽의 이중 구조로 되어 있었습니다. 성 안에는 20만 명의 병사들이 있었습니다. 때문에 성을 무너뜨리거나 기어오르는 것은 불가능했습니다. 여리고성은 말 그대로 철옹성 그 자체였습니다.

이스라엘 백성은 실제로 여리고성을 열세 번 돌면서 자신들의 힘과 능력으로는 이 성을 결코 무너뜨릴 수 없다는 것을 깨달았을 것입니다. 가까이에서 성을 쳐다보고 만져보고 돌아보면서 하나님의 도우심이 없이는 여리고성 정복이 절대 불가능하다는 것을 직접 느꼈을 것입니다.

하나님의 두 번째 명령은 "오직 하나님께만 집중하라"는 것이었습니다. 6-9절을 보면 하나님은 여리고성을 돌되 그냥 도는 것이 아니라 행군 대형을 만들어 돌도록 하셨습니다.

무장한 군사들─제사장들─언약궤─백성들

행군 대형은 무장한 군사들이 맨 앞에, 그 뒤에는 나팔을 든 제사장들이, 이어서 그 뒤를 언약궤와 백성들이 따르는 것으로 이뤄졌습니다. 행군 대형에서 가장 중요한 것은 가운데 위치한 언약궤였습니다. 법궤, 즉 언약궤는 '하나님이 함께하신다'는 임재의 상징입니다. 이스라엘 백성은 언약궤를 볼 때마다 지금 하나님이 우리와 함께 계신다는 것을 기억했습니다.

성경에서 언약궤가 등장하는 장면을 보면 언약궤는 항상 맨앞이나 가운데 위치합니다. 이스라엘 백성이 광야를 행진할 때나 요단강에 들어설 때는 가장 앞서 나아갔습니다. 그리고 여리고성을 정복할 때는 한가운데 있었습니다.

이것은 무엇을 뜻할까요? 앞서 행하시는 하나님, 우리 가운데 계시는 하나님을 잊지 말라는 의미입니다. 영적 행진을 할 때는 우리보다 앞서 행하시는 하나님을 바라보며, 영적 전쟁을 할 때는 우리 가운데 함께 거하시는 하나님을 바라보라는 것입니다. 영적 행진이나 영적 전쟁을 할 때 가장 중요한 것은 하나님께 초점을 맞추는 것입니다. 어떤 상황에서도 하나님께 집중하는 것입니다.

하나님은 이스라엘 백성에게 침묵을 명하셨습니다. 이 역시 하나님께 집중하도록 하시기 위해서였습니다.

> "여호수아가 백성에게 명령하여 이르되 너희는 외치지 말며 너희 음성을 들리게 하지 말며 너희 입에서 아무 말도 내지 말라"(10절a).

여기에서 '외치지 말며', '들리게 하지 말며', '아무 말도 내지 말라'는 말씀에는 중요한 의미가 담겨 있습니다. '들리게 하지 말라'는 말은 들뜬 마음으로 와자지껄하게 떠들거나 잡담을 하지 말라는 것입니다. 성 주위를 도는 동안 완전히 침묵하라는 것입니다. 하나님은 이스라엘 백성에게 말할 수 있는 자유를 빼앗으셨습니다. 한 사람도 아니고 적어도 백만 명이 넘는 사람들이 행군하면서 침묵한다는 것은 쉬운 일이 아닙니다.

침묵하지 않으면 하나님께 집중할 수 없습니다. 침묵하지 않으면 하나님의 음성을 들을 수 없습니다. 주님이 나에게 무엇을 말씀하시는지, 주님이 나에게 원하시는 것이 무엇인지 들을 수 없습니다.

침묵을 명령하신 또 다른 이유는, 부정적인 생각이 말로 표현되면 전체적인 분위기를 흔들기 때문입니다. 만일 하나님이 침묵을 금하지 않으셨다면, 이스라엘 백성 가운데 분명 행진과 작전에 대해 불평과 원망을 쏟는 사람이 있었을 것입니다. 여기에 많은 사람이 동조하면서 불신앙의 바이러스에 감염되어 다 같이 하나님과 지도자를 원망했을 것입니다.

부정적인 생각과 말은 하나님께 집중하지 못하게 만듭니다. 혼돈에 빠지게 합니다. 진리를 거스르는 일이 아닌 이상 부정적인 말은 뱉지 말아야 합니다. 특별히 영적 전쟁을 하는 사람들은 입술을 지켜야 합니다.

신앙생활에서 가장 중요한 것은 하나님만 바라보며 하나님께 집중하는 것입니다. 영적 전쟁에서 가장 중요한 것 역시 적군의 숫자와 상황을 바라보는 것이 아니라, 마귀의 일을 멸하고 승리하신 주님을 바라보며 주님께 집중하는 것입니다. 엘리야도 비가 내리기를 기도할 때 오직 주님께만 집중하기 위해 땅에 꿇어 엎드려 얼굴을 두 무릎 사이에 넣고 기도했습니다. 히스기야 역시 오직 하나님만 바라보며 기도하기 위해 벽을 향하여 기도했습니다.

상황이 아무리 시끄럽고 마음속이 아무리 복잡하더라도, 조용히 침묵하며 우리를 이곳으로 인도하신 하나님께 시선을 맞춥시다. 그 하나님이 내 마음에 들려주시는 작은 소리에 귀 기울입시다. 그 시간 안에 해답이 있습니다.

사탄의 전략

사탄은 우리가 스스로에게 집중하게 합니다. 믿음의 주요 온전케 하시는 예수님을 바라보지 않고 나 자신의 연약함에만 빠져 있게 합니다. 나에게 없는 것에만 집착하게 합니다. 내 과거의 실패와 상처에서 헤어 나오지 못하게 합니다. 내 추함과 어리석음만 보며 절망하게 합니다. 그렇게 끊임없이 참소합니다. 하지만 기억하십시오. 집중해야 할 대상은 나 자신이 아니라 하나님입니다.

뿐만 아니라 사탄은 내가 처해 있는 상황과 문제에만 집중하게 합니다. 사탄은 거친 바람과 풍랑을 통해 예수님께 초점을 맞추지 못하도록 합니다. 상황과 문제 안에는 아무 해답이 없습니다. 점점 그 안으로 빠져들어갈 뿐입니다. 기적처럼 물 위를 걷던 베드로가 물속에 빠진 이유가 무엇입니까? 주님을 바라보지 못하고 거센 바람과 파도를 보았기 때문입니다.

하나님께 집중한다는 것

하나님께 집중한다는 것은 무엇을 의미할까요? 오직 주님만 바라본다는 것은 구체적으로 무슨 뜻일까요? 상황과 상관없이 약속의 말씀을 붙들고 믿음으로 순종하는 것입니다.

> "여호와께서 여호수아에게 이르시되 보라 내가 여리고와 그 왕과 용사들을 네 손에 넘겨 주었으니 너희 모든 군사는 그 성을 둘러 성 주위를 매일 한 번씩 돌되 엿새 동안을 그리하라"(2-3절).

여호수아가 이스라엘 백성을 이끌고 여리고성을 돌 수 있었던 것은 약속의 말씀 때문입니다. 아브라함은 갈 바를 알지 못했지만 "내가 너로 큰 민족을 이루고 네게 복을 주어 네 이름을 창대하게 하리니 너는 복이 될지라"(창 12:2)는 말씀만 붙들고 고향 친척 집을 떠났습니다. 모세는 "내가 너를 바로에게 보내어 너에게 내 백성 이스라엘 자손을 애굽에서 인도하여 내게 하리라"(출 3:10)는 말씀을 붙들고 애굽으로 내려갔습니다. 베드로 역시 "깊은 데로 가서 그물을 내려 고기를 잡으라"(눅 5:4b)는 약속의 말씀을 붙들고 나아가 그물이 찢어지는 기적을 경험했습니다.

3부 어떻게 도전하는가

흔히 '집중력' 하면 막연히 정신집중이나 정신통일 같은 것을 생각합니다. 그러나 하나님께 집중한다는 것은 그런 것이 아닙니다. 내 생각을 내려놓고 내가 처한 환경을 바라보지 않고, 주님의 말씀을 붙들고 순종의 발걸음을 내딛는 것을 말합니다. 주님의 말씀을 묵상하며 그 말씀을 붙들고 씨름하는 것입니다. 날마다 그 약속의 말씀을 믿음으로 선포하며 나아가는 것이 하나님께 집중하는 삶입니다.

오늘 우리 앞에는 내 힘으로 해결할 수 없는 인생의 여리고성이 있습니다. 하나님은 우리에게 "그 여리고성을 정복하라"고 말씀하십니다. 그것은 우리 앞에 놓인 사람과 상황과 환경이 아닌 하나님께 집중할 때 가능합니다. 문제에 집중할수록 문제는 더 커지기만 합니다. 문제에서 시선을 거두어 하나님을 바라보십시오.

전쟁은 하나님께 속한 것입니다. 영적 전쟁은 내가 싸우는 것이 아니라 주님이 나를 대신하여 싸우시는 것입니다. 그래서 하나님은 이 전쟁에서 승리한 다음 전리품을 취하지 말라고 명하셨습니다. 이 전쟁이 하나님께 속한 것임을 분명히 하시기 위해서입니다. 승리의 영광은 우리의 몫이 아니라 오직 하나님의 몫이기 때문입니다.

하나님께 집중하십시오. 내 마음에 맞지 않아도 불평하지 마십시오. 침묵하며 주님의 음성에 귀를 기울이십시오. 아무리 문제가 커도 그 문제를 묵상하지 말고 하나님을 묵상하십시오. 내가 처한 상황이 아무리 크다 할지라도 하나님은 내 상황보다 크신 분입니다. 그 크신 하나님으로 인하여 여러분의 영적 전쟁에서 넉넉히 승리하시기를 주님의 이름으로 축원합니다.

11

○

실패한 자리가 은혜의 자리다
여호수아 7장 1-5절

어릴 때 귀가 따갑도록 들었던 말이 있습니다. "실패는 성공의 어머니다." 실패한 사람을 위로하는 말이기도 하지만, 실패를 교훈 삼아 성공적인 인생을 산 사람이 분명히 있기 때문에 쓰이는 말입니다.

역사에 흔적을 남긴 위인들을 보십시오. 처음부터 승승장구한 사람은 별로 없습니다. 대부분 실패를 경험했고, 그 실패를 교훈삼아 성공했습니다. 애니메이션 캐릭터 '미키 마우스'로 유명한 만화영화의 개척자 월트 디즈니(Walt Disney) 역시 그랬습니다. 그는 자신의 꿈을 이루기 위해 만화와 관련한 여러 회사에 지원했지만 번번이 거절당했습니다. 심지어 상상력이 부족하고 독창적이지 못하다는 이유로 강제 퇴사까지 당했습니다. 하지만 월트 디즈니는 낙심하지 않았습니다. 그는 만화 속에서만 움직이는 캐릭터들을 현실화해 어른과 어린이들이 함께 동

하나님의 사람이여, 도전하라!

심의 세계를 느낄 수 있는 세계 최대의 종합 휴양지인 디즈니월드(Disney World)를 건설했습니다.

여호수아 7장은 6장과 분위기가 완전히 다릅니다. 6장은 하나님이 주신 승리의 이야기지만, 7장은 처절한 패배의 이야기입니다. 6장에서 승리와 기쁨의 환호성이 들렸다면, 7장에서는 패배의 절규와 통곡 소리가 들립니다. 하지만 그것으로 끝나지는 않습니다. 이스라엘 백성들은 그 뼈아픈 실패를 통해 다시 승리를 이루고야 말았습니다.

마음이 녹아 물같이 된지라

가나안에 들어온 이스라엘 백성은 정복할 수 없다고 여긴 난공불락의 여리고성을 무너뜨리고 승리합니다. 그리고 여세를 몰아 바로 아이성을 공격합니다. 여호수아는 "올라가서 그 땅을 정탐하라"(2절)고 외치며 사람을 보냅니다. 정탐꾼들이 돌아와 여호수아에게 이렇게 보고합니다.

> "백성을 다 올라가게 하지 말고 이삼천 명만 올라가서 아이를 치게 하소서 그들은 소수이니 모든 백성을 그리로 보내어 수고롭게 하지 마소서"(3절).

여리고성에 비하면 아이성은 굉장히 작은 성읍입니다. 여호수아 8장 25절에 근거하면 아이성에는 모두 1만 2천 명이 살고 있었습니다. 그러니 모든 백성을 올려 보내지 않고, 2-3천 명만 올라가 싸워도 충분히 승산이 있다고 예상했습니다.

3천 명쯤 되는 군사들이 자신 있게 아이성을 치러 올라갑니다. 하지만 당황스럽게도 시작하자마자 완패를 당하고 맙니다.

"백성 중 삼천 명쯤 그리로 올라갔다가 아이 사람 앞에서 도망하니 아이 사람이 그들을 삼십육 명쯤 쳐죽이고 성문 앞에서부터 스바림까지 쫓아가 내려가는 비탈에서 쳤으므로 백성의 마음이 녹아 물 같이 된지라"(4-5절).

혼비백산한 3천 명의 군사는 도망하기 시작하고 이 중 36명이 죽습니다. 중요한 것은 이 패배로 인해 '백성의 마음이 녹아 물 같이' 되었다는 것입니다. 두려움에 빠진 백성들은 전의를 상실한 채 기진맥진해 두려움에 떨고 있습니다. 사실 이는 가나안 족속들이 이스라엘 백성을 향해 가졌던 마음입니다. 그래서 기생 라합은 정탐꾼들을 숨겨 주면서 이렇게 말했습니다.

"우리가 듣자 곧 마음이 녹았고 너희로 말미암아 사람이 정신을 잃었나니"(수 2:11a).

여리고성에 살고 있는 사람들은 하나님이 함께하시는 이스라엘 백성이 온다는 소식을 듣고 마음이 녹아내리는 듯한 두려움에 떨었습니다.

여호수아 5장 1절을 보면, 요단 서쪽 지방의 아모리 사람의 모든 왕들과 해변의 가나안 사람의 모든 왕들 역시 마찬가지였습니다.

"요단 물을 이스라엘 자손들 앞에서 말리시고 우리를 건너게 하셨음을 듣고 마음이 녹았고 이스라엘 자손들 때문에 정신을 잃었더라"(수 5:1b).

가나안 원주민들과 여러 왕들 역시 이스라엘 백성이 온다는 소식에 마음이 녹았고 정신을 잃었습니다. 홍해를 가르고, 요단 저편에서 아모리 사람의 왕들을 물리치신 하나님이 그들과 함께하셨기 때문입니다.

하지만 이번에는 반대로 이스라엘 백성의 마음이 녹아내렸습니다. 적군이 가져야 할 두려움을 이스라엘 백성이 갖게 된 것입니다. 이유가 무엇일까요? 36명의 전사자 때문일까요? 여리고성 전투에서 전사자가 한 명도 없던 것을 생각하면 이는 분명 전력 상실입니다. 그러나 백성의 마음이 녹아내린 이유는 그 때문이 아니었습니다.

3부 어떻게 도전하는가

더 이상 하나님이 우리와 함께하지 않으신다는 공포 때문이었습니다. 앞서 여리고성을 정복했을 때는 이스라엘 백성의 사기가 충천했습니다. 하나님이 함께하셨기 때문에 승리했노라 확신했습니다. 하나님이 함께하시기 때문에 앞으로 아무리 강한 적을 만나도 승리하리라는 확신이 있었습니다. 그런데 아이성 전투에서 패배하자 커다란 충격에 빠졌습니다.

싸우는 사람에게 가장 중요한 것은 승리할 수 있다는 확신입니다. 자신감입니다. 그런데 지금 아이성 전투에서 패한 이스라엘 백성은 두려움과 공포에 사로잡혀 마음이 녹아내리고 있습니다.

한 사람의 욕심, 모두의 죄

실패는 그것으로 끝났을 때 실패입니다. 실패를 통해 무언가를 배우고 얻어 낸다면, 그것은 승리를 위한 값진 과정이 될 수 있습니다.

패배한 아이성 전투는 우리에게 무엇을 가르쳐 줍니까?

첫째, 한 개인의 죄가 공동체의 죄가 될 수 있다는 것입니다.

"이스라엘 자손들이 온전히 바친 물건으로 말미암아 범죄하였으니 이는 유다 지파 세라의 증손 삽디의 손자 갈미의 아들 아

하나님의 사람이여, 도전하라!

간이 온전히 바친 물건을 가졌음이라 여호와께서 이스라엘 자손들에게 진노하시니라"(1절).

이스라엘이 아이성 전투에서 패한 이유가 무엇입니까? 아간이 하나님의 명령을 어기고 죄를 범했기 때문입니다. 이에 여호와께서 이스라엘에 진노하셨습니다. 하나님은 여리고성 전투에 앞서 그 어떤 전리품도 취하지 말고 온전히 바치라고 하셨습니다. 그런데 아간은 노략한 것 중에서 시날산의 외투 한 벌과 은 200세겔, 50세겔이나 되는 금덩이 하나를 보고 탐내어 가져다 숨겼습니다.

"내가 노략한 물건 중에 시날 산의 아름다운 외투 한 벌과 은 이백 세겔과 그 무게가 오십 세겔 되는 금덩이 하나를 보고 탐내어 가졌나이다 보소서 이제 그 물건들을 내 장막 가운데 땅 속에 감추었는데 은은 그 밑에 있나이다"(21절).

아간은 하나님의 명령을 어겼습니다. 죄를 지었습니다. 그는 이렇게 고백합니다. "보고 탐내어 가졌나이다." 모든 죄의 근원은 탐욕입니다. 성경은 "욕심이 잉태한즉 죄를 낳고 죄가 장성한즉 사망을 낳느니라"(약 1:15)고 말합니다.

탐욕은 보는 것에서 시작됩니다. 아간의 범죄 역시 보는 것으

로 시작되었습니다. 아담과 하와의 범죄도 보지 말아야 할 선악
과를 보면서부터 시작되었습니다. 다윗의 범죄도 밧세바를 보
면서부터 시작되었습니다. "물건을 보면 가지고 싶은 욕심이
생긴다"라는 뜻의 사자성어 견물생심(見物生心)처럼, 보는 것으
로 인해 탐욕을 품게 되고 탐욕을 품으면 결국 죄를 짓게 됩니
다. 보는 것을 조심해야 합니다.

하나님은 아간의 범죄 때문에 진노하셨습니다. 하나님은 왜
아간의 범죄를 크게 다루셨을까요? 그가 하나님의 영광을 가로
챘기 때문입니다. 하나님은 가나안 원주민을 몰아내는 이 전쟁
이 바로 그분 자신에게 속한 것임을 분명히 하기 위해 전리품
을 취하지 못하도록 하셨습니다. 다시 말하면 '너희의 힘과 전
략으로 승리한 것이 아니라 내가 너희를 위해 싸웠기 때문에
승리한 것이다'라는 사실을 분명히 알게 하시기 위해서입니다.
그래서 여호수아는 후에 여호와께서 이스라엘을 위하여 싸우
셨기에 가나안의 모든 왕과 그들의 땅을 단번에 빼앗을 수 있
었음을 고백합니다.

"이스라엘의 하나님 여호와께서 이스라엘을 위하여 싸우셨으
므로 여호수아가 이 모든 왕들과 그들의 땅을 단번에 빼앗으니
라"(수 10:42).

하나님의 사람이여, 도전하라!

하나님은 아간의 이 범죄에 대해 이스라엘 전체에 진노하셨습니다. 아간의 죄를 한 개인의 죄가 아닌 이스라엘 백성 전체의 죄로 간주하셨습니다. 그 책임을 백성 전체에게 물으셨습니다. 이스라엘 민족은 단순한 혈연 공동체가 아니라 하나님의 말씀으로 맺어진 언약의 공동체이기 때문입니다.

새로운 언약 관계 안에 있는 신약의 교회 역시 마찬가지입니다. 성경은 교회를 한 몸으로 말합니다. 몸에는 여러 지체가 있으며 서로 유기적으로 연결되어 있습니다. 서로에게 영향을 주고받습니다.

"만일 한 지체가 고통을 받으면 모든 지체가 함께 고통을 받고 한 지체가 영광을 얻으면 모든 지체가 함께 즐거워하느니라 너희는 그리스도의 몸이요 지체의 각 부분이라"(고전 12:26-27).

그리스도의 몸을 이루고 있는 나 한 사람의 승리는 우리 모두의 승리가 됩니다. 마찬가지로 한 몸을 이루고 있는 내가 쓰러지면 모두가 쓰러집니다. 나의 좌절은 우리 모두의 좌절입니다. 나의 범죄는 우리 모두의 범죄가 됩니다. 그리스도의 몸을 이루는 한 성도의 범죄는 교회 전체에 영향을 미치는 것입니다.

건강한 교회를 세우기 위해서는 우선 나부터 죄를 멀리해야 합니다. 모두가 한 몸이라는 것을 기억하고 서로 협력하고 아끼는 유기적인 공동체가 되어야 합니다. 누군가 죄를 지어 넘어지면 그를 위해 함께 기도해야 합니다.

아이성 전투의 패배가 우리에게 주는 교훈은, 아간 한 사람의 죄가 이스라엘 공동체의 죄가 되었다는 사실입니다. 죄는 아간이라는 한 사람이 지었지만, 그 죄로 인해 이스라엘 전체가 패배를 경험하고 가족들까지 죽임을 당해야 했습니다.

그들은 소수이니

패배한 아이성 전투의 두 번째 교훈은, '교만은 패망의 선봉'(잠 16:18)이라는 것입니다. 가나안의 가장 견고한 성인 여리고성 전투에서 승리한 이스라엘 백성에게 아이성은 매우 작아 보였습니다. 실제로 여리고성이 골리앗과 같다면 아이성은 문자 그대로 아이와 같은 작은 성이었습니다. 그래서 특별한 전략도 세우지 않고, 3천 명 정도의 군사만 올려 보냈습니다.

전쟁에서 공격하는 쪽은 방어하는 쪽보다 세 배 정도의 강한 전략이 있어야 승리할 수 있습니다. 더구나 아이성은 해발 800미터의 험준한 고지에 있기 때문에 아이성을 정복하려면 최소한 1만 명 이상의 군대가 동원되어야 합니다. 그럼에도 여호수아는 직접 전투에 나가지도 않고 3천 명의 군사만 올려 보냅니다. '여리고성도 무너뜨렸는데 아이성 쯤이야' 하는 자만 때문

하나님의 사람이여, 도전하라!

입니다.

아이성을 다녀온 정탐꾼들의 보고 내용을 보면 얼마나 그들이 교만했는지 알 수 있습니다.

"백성을 다 올라가게 하지 말고 이삼천 명만 올라가서 아이를 치게 하소서 그들은 소수이니 모든 백성을 그리로 보내어 수고롭게 하지 마소서"(3절).

보십시오. "2, 3천 명만 올라가서 아이를 치게 하소서." "모든 백성을 그리로 보내어 수고롭게 하지 마소서." 이 말은 상당히 교만한 표현입니다. 그들은 자신들의 전투력으로 이길 수 있는 것처럼 착각하고 있습니다. 그리고 실제로 하나님을 의지하지 않고, 자기들만의 힘으로 아이성을 공격했습니다. 결과는 어땠습니까? 참담한 패배였습니다.

교만은 하나님을 의지하지 않는 것입니다. 하나님 없이도 얼마든지 살 수 있다고 생각하는 것입니다. 하나님의 은혜가 아니어도 얼마든지 내 뜻대로 해 나갈 수 있다고 생각하는 것입니다. 직장과 가정, 일과 인간관계를 내 의지대로 통제할 수 있다고 여기는 것입니다. 하나님이 없어도 살 수 있다고 생각하는 것, 이것이 곧 죄의 본질인 교만입니다.

애석하게도 이 땅을 살아가는 많은 사람들이 얼마나 교만한지 모릅니다. 피조물인 인간은 절대적으로 창조주 하나님을 의지하며 살도록 만들어졌습니다. 하지만 많은 사람들이 하나님 없이도 살 수 있다고 생각합니다. 하나님을 두려워하지 않습니다. 하나님 나라를 대적하고, 창조 질서를 거스르면서도 하나님의 심판을 두려워하지 않습니다.

하나님은 반드시 교만한 자를 물리치십니다. 교만한 자를 대적하십니다. 대신 겸손한 자에게 은혜를 베푸십니다. 성경은 "교만은 패망의 선봉이요 거만한 마음은 넘어짐의 앞잡이니라"(잠 16:18)고 말합니다. 교만한 자는 반드시 망할 수밖에 없습니다. 이스라엘이 아이성 전투에서 패배한 결정적 이유가 바로 이것입니다.

구하지 않은 죄

아이성 전투의 패배가 주는 세 번째 교훈은, 하나님께 구하지 않으면 승리할 수 없다는 것입니다. 아이성 전투의 패배는 아간이 지은 죄가 결정적 요인이었습니다. 그러나 엄밀하게 따지면 지도자인 여호수아의 실수도 있습니다. 하나님의 뜻을 구하지 않은 것입니다. 여리고성을 정복할 때, 그는 철저하게 하나님의 지시를 받고 하나님의 허락 아래 움직였습니다. 그런데 아이성 전투에서는 긴장이 풀어져서 그랬을까요? 여호수아는 하나님

하나님의 사람이여, 도전하라!

께 묻지 않았습니다.

성경 어느 곳을 봐도 아이성 전투를 앞두고 여호수아가 하나님의 뜻을 구했다는 기록이 없습니다. 기도했다는 말씀이 없습니다. 사람은 무언가 성취하고 나면 기도를 쉬는 죄를 범하기 쉽습니다. 여호수아 역시 여리고성 전투 이후 하나님께 묻지 않고 곧바로 전쟁을 치렀습니다.

우리가 하나님의 뜻을 구하지 않고 스스로 결정하고 행하는 것은 하나님 앞에서 명백한 잘못입니다. 이스라엘이 하나님의 뜻을 구하지 않고 먼 나라에서 온 것처럼 위장하고 나타난 기브온 족속과 조약을 맺은 것도 마찬가지입니다. 하나님은 분명 가나안 땅에 들어가서는 그 주민들과 어떤 언약도 맺지 말라고 말씀하셨습니다. 그런데 여호수아와 이스라엘은 하나님께 묻지도 않고 덜컥 조약을 맺고 말았습니다.

"무리가 그들의 양식을 취하고는 어떻게 할지를 여호와께 묻지 아니하고"(수 9:14).

성경에 나오는 인물 중 하나님께 가장 많이 물었던 사람이 바로 다윗입니다. 다윗은 끊임없이 하나님께 묻고 또 물었습니다. 블레셋이 쳐들어 왔을 때에도 다윗은 이 전쟁을 향한 하나님의 뜻을 구했습니다.

"다윗이 여호와께 여쭈어 이르되 내가 블레셋 사람에게로 올라가리이까 여호와께서 그들을 내 손에 넘기시겠나이까"(삼하 5:19a).

하나님의 뜻을 구한 다음에는 하나님의 때를 구했습니다.

"다윗이 여호와께 여쭈니 이르시되 올라가지 말고 그들 뒤로 돌아서 뽕나무 수풀 맞은편에서 그들을 기습하되 뽕나무 꼭대기에서 걸음 걷는 소리가 들리거든 곧 공격하라"(삼하 5:23-24a).

다윗은 하나님께 끊임없이 물었습니다. 그래서 백전백승할 수 있었습니다. 그리고 '하나님의 마음에 합한 자'라는 칭찬을 받았습니다. 하지만 동시대를 산 사울은 하나님께 묻지 않았습니다. 여호와가 아닌 무당을 찾아가 물었습니다. 그 결과 하나님께 버림을 받았습니다.

"여호와께 묻지 아니하였으므로 여호와께서 그를 죽이시고 그 나라를 이새의 아들 다윗에게 넘겨 주셨더라"(대상 10:14).

하나님의 사람은 하나님께 끊임없이 물어야 합니다. 이스라엘이 아이성 전투에서 패배한 이유가 무엇입니까? 하나님의 뜻을 구하지 않았기 때문입니다. 신앙생활을 아무리 오래했더라도 하나님의 뜻을 구하지 않으면 실패하고 넘어질 수밖에 없습니다.

다윗도 하나님의 뜻을 구하지 않을 때 실패하고 넘어졌습니다. 처음 언약궤를 예루살렘으로 옮기려 할 때 하나님의 뜻을 묻지 않고 행했다가 실패했습니다. 사울 왕이 자신을 집요하게 추적하자 혼자만의 생각으로 블레셋으로 들어갔다가 미친 사람 취급을 당하기도 했습니다.

패배 그 이후

아이성 전투의 패배 이후, 여호수아는 어떻게 했습니까?

> "여호수아가 옷을 찢고 이스라엘 장로들과 함께 여호와의 궤 앞에서 땅에 엎드려 머리에 티끌을 뒤집어쓰고 저물도록 있다가"(6절).

여호수아는 패배 소식을 듣자마자 자신의 옷을 찢고, 장로들과 함께 여호와의 궤 앞에 엎드렸습니다. 그리고 머리에 티끌을 뒤집어쓰고 저물도록 있었습니다. 패배 이후 가장 먼저 여호와의 궤 앞에 엎드려 기도의 무릎을 꿇은 것입니다. 그는 아이성 패배의 소식을 들은 대적들로 인해 여호와의 이름이 능욕 받게 될 것을 염려하면서 탄식하며 기도했습니다.

"주의 크신 이름을 위하여 어떻게 하시려 하나이까"(9절b).

지금까지는 하나님이 함께하심으로 가나안 왕들과 원주민들이 두려워 떨었지만, 이제는 더 이상 하나님이 함께하지 않으시는 우리를 두려워하지 않고 오히려 대적할 것이라는 말입니다.

이런 여호수아의 회개와 탄식을 들은 하나님은 엎드려 있는 여호수아에게 말씀하십니다. "일어나라." 그리고 이스라엘이 왜 패했는지 알려 주시고 그 죄를 이스라엘에서 완전히 없애십니다. 범죄자 아간을 색출해 그 죄를 끊은 이스라엘은 하나님의 작전 명령을 따라 다시 아이성을 공격합니다. 그리고 마침내 승리를 거둡니다.

여호수아는 패배 이후 가장 먼저 장로들과 함께 하나님 앞에 무릎 꿇었습니다. 그 어느 때보다 간절하고 절박한 심정으로 하나님의 음성을 구했습니다. 그리고 패배의 원인인 죄를 모두 청산했습니다.

중요한 것은 패배 이후입니다. 살다 보면 실수할 수 있습니다. 패배할 수도 있습니다. 그 다음이 중요합니다. 처절하게 패배했다 해도, 하나님의 사람은 그 어느 때보다 겸손하게 무릎 꿇고 그분의 음성을 구합니다. 그리고 다시 일어나 도전합니다. 그러나 하나님께 무릎 꿇지 않고 그 패배를 통해 아무것도 배우지 못하는 사람에게는 그 한 번의 패배가 영원한 패배가 될 수 있습니다.

실패했습니까? 자꾸 넘어지기만 해서 의욕이 없어졌습니까? 중요한 것은 지금부터입니다. 주저앉지 말고 일어나 다시 하나님께 나아가십시오. 더 겸손하게, 더 간절하게 무릎 꿇고 그분의 뜻을 구하십시오. 그리고 다시 한 번 아이성에 도전하십시오. 그리하여 다시 하나님의 위대한 영광을 여러분의 눈으로 볼 수 있기를 소망합니다. 하나님의 승리를 여러분의 삶 속에서 구체적으로 경험할 수 있기를 원합니다. 이것이 아이성의 패배를 통해 주시는 하나님의 은혜입니다.

12

○

나의 평생을 이끌 비전을 잡다
여호수아 14장 10-15절

100세를 가리켜 '상수'(上壽)라고 합니다. '병 없이 하늘이 내려준 나이'라는 뜻입니다. 평균 수명이 길어지면서 인생의 후반기를 즐기는 사람들이 많아졌지만, 어느 시기가 되면 사람들은 한 해 한 해 나이가 들수록 알 수 없는 감정에 빠지곤 합니다. 왠지 쓸쓸해지기도 하고 문득문득 서글퍼지기까지 합니다. 하지만 무려 100세가 넘는 나이에도 여전히 뜨겁게 살아가는 사람이 있습니다. 나이와 상관없이 하나님을 향한 열정으로 예수 그리스도의 진리를 선포하는 사람, 연세대 철학과 명예교수이자 시카고대와 하버드대 연구교수를 역임한 김형석 교수입니다.

　시대의 지성 김형석 교수는 나이를 핸디캡으로 여기지 않습니다. 오히려 끊임없는 학문적 도전과 귀감이 되는 삶의 행보로 나이에 대한 세간의 우려를 불식시킵니다. 나이가 들어도 꺾이지 않는 에너지는 어디서 나오는 것일까요? 그에게는 비전이 있습니다. 그는 주님이 주신 꿈에 도전하고, 또 그 믿음으로 사는 행복을 알고 있습니다. 김형석 교수는 자신의 책 『인생의 길, 믿음이 있어 행복했습니다』(이와우, 2017)에서 이렇게 고백합니다.

"지금도 나는 기독교가 민족과 인류의 희망임을 의심하지 않습니다. 우리의 염원과 노력으로 진실과 사랑이 가득한 주님의 나라가 이루어져야 하기 때문입니다. 주님의 사랑은 우리의 영원한 희망과 행복입니다. 그 길은 우리 모두의 길이기도 합니다."

비전의 사람 갈렙

성경에도 인생의 나이를 초월해 하나님이 주신 비전에 도전한 하나님의 사람이 있습니다.

여든다섯의 나이에 헤브론을 바라보며 "이 산지를 내게 주소서!"라고 외친 갈렙입니다. 그는 출애굽 1세대로, 여호수아와 함께 죽음을 맛보지 않고 약속의 땅 가나안에 들어갔습니다. 출애굽한 이스라엘 백성은 열 정탐꾼의 믿음 없는 보고를 듣고 절망하여 불평하고 원망하다 자신들의 말대로 광야에서 죽었습니다.

그러나 갈렙은 여호수아와 함께 믿음으로 약속의 땅에 들어가 가나안을 정복하고 그 땅을 분배받았습니다. 뿐만 아니라 지금까지 인생의 나이를 초월하여 하나님이 주신 거룩한 비전에 도전한 멋진 신앙의 롤 모델이 되고 있습니다.

성경을 따라가며 갈렙의 비전 이야기를 좀 더 자세하게 살펴봅시다. 갈렙이 오랫동안 마음에 품었던 비전은 헤브론의 산지를 정복해 그 땅을 기업으로 삼는 것이었습니다.

> "그 날에 여호와께서 말씀하신 이 산지를 지금 내게 주소서 당신도 그 날에 들으셨거니와 그 곳에는 아낙 사람이 있고 그 성읍들은 크고 견고할지라도 여호와께서 나와 함께 하시면 내가 여호와께서 말씀하신 대로 그들을 쫓아내리이다"(12절).

그러면 갈렙은 언제 처음 이 비전을 품었습니까? 시간을 거슬러 이스라엘 백성이 광야에 머물던 시절로 돌아가 봅시다. 모세는 여호와의 말씀에 따라 각 지파에서 한 명씩 12명을 뽑아 가나안 땅에 정탐꾼으로 보냈습니다. 그래서 그 땅이 비옥한지 메마른지, 그 땅에 사는 사람들이 강한지 약한지, 많은지 적은지 보고하게 했습니다. 당시 유다 지파의 대표로 그 땅을 정탐했던 갈렙은 지금 여호수아 앞에 나아와 "이 산지를 지금 내게 주소서"라고 요청하면서 자신의 주장을 이렇게 뒷받침합니다.

하나님의 사람이여, 도전하라!

"내 나이 사십 세에 여호와의 종 모세가 가데스 바네아에서 나를 보내어 이 땅을 정탐하게 하였으므로 내가 성실한 마음으로 그에게 보고하였고"(7절).

갈렙에게 믿음의 보고를 받던 그날, 모세는 이렇게 약속했습니다.

"네가 내 하나님 여호와께 충성하였은즉 네 발로 밟는 땅은 영원히 너와 네 자손의 기업이 되리라"(9절b).

45년이 지난 지금, 85세가 될 때까지 여호와께서 말씀하신 대로 살아남은 갈렙은 모세에게 그날의 그 약속을 지켜 달라고 요구합니다. "이 산지를 지금 내게 주소서." 40세의 정탐꾼 갈렙은 가나안에 들어가 그 땅을 정탐하면서 하나님이 주신 비전을 품었습니다. 거대한 아낙 자손과 크고 견고한 헤브론의 성읍을 보는 순간, 하나님이 그에게 저 헤브론 산지를 정복하여 기업을 삼으라는 마음의 소원을 갖게 하셨습니다. 약속의 땅을 보는 순간, 갈렙은 이 땅은 하나님이 주신 우리의 땅이라고 확신했습니다. 그리고 모세의 약속을 받은 날 이후 그 땅에 대한 비전을 마음에 품었습니다. 이후 긴 시간 동안 온갖 풍파를 겪으면서도 그것을 한순간도 잊지 않았습니다. 비전은 갈렙을 살게 하는 힘이었습니다.

비전의 확신

갈렙은 하나님이 주신 비전을 언제 확신했을까요? 자신과 함
께했던 열 정탐꾼들의 보고와 그 보고를 들은 이스라엘 백성의
반응을 보았을 때입니다. 민수기 13장에는 40일 동안 가나안
땅을 정탐하고 돌아온 정탐꾼들이 모세와 이스라엘 백성 앞에
서 보고하는 장면이 나옵니다.

> "과연 그 땅에 젖과 꿀이 흐르는데 이것은 그 땅의 과일이니이
> 다"(민 13:27b).

그러면서 그 땅에서 가져온 과일들을 보여 줍니다. 이를 본
백성들은 기뻐했습니다. 하지만 곧바로 부정적인 전망을 내놓
습니다.

> "그러나 그 땅 거주민은 강하고 성읍은 견고하고 심히 클 뿐
> 아니라 거기서 아낙 자손을 보았으며"(민 13:28).

순식간에 분위기가 어두워집니다. 여기저기에서 볼멘소리가

터져 나오기 시작합니다. 이때 갈렙이 등장합니다. "여러분, 조용히 하세요!"

> "갈렙이 모세 앞에서 백성을 조용하게 하고 이르되 우리가 곧 올라가서 그 땅을 취하자 능히 이기리라"(민 13:30).

그러자 그와 함께 같은 곳에 가서 같은 것을 목격한 다른 정탐꾼들이 되받아칩니다.

> "우리는 능히 올라가서 그 백성을 치지 못하리라 그들은 우리보다 강하니라"(민 13:31b).

그러면서 정탐한 땅을 악평하기 시작합니다.

> "우리가 두루 다니며 정탐한 땅은 그 거주민을 삼키는 땅이요 거기서 본 모든 백성은 신장이 장대한 자들이며 거기서 네피림 후손인 아낙 자손의 거인들을 보았나니 우리는 스스로 보기에도 메뚜기 같으니 그들이 보기에도 그와 같았을 것이니라"(민 13:32-33).

열 명의 정탐꾼들은 가나안 땅에서 본 아낙 자손들과 비교하면 '우리는 스스로 메뚜기와 같다'고 했습니다. 그들은 그 땅을 바라보며 패배의식에 사로잡혔습니다. 두려움에 떨면서 상황을 비관했습니다. 정탐꾼들의 절망적인 보고를 들은 이스라엘 백성들은 밤새도록 통곡하며 모세와 아론을 원망합니다.

> "우리가 애굽 땅에서 죽었거나 이 광야에서 죽었으면 좋았을 것을 어찌하여 여호와가 우리를 그 땅으로 인도하여 칼에 쓰러지게 하려 하는가 우리 처자가 사로잡히리니 애굽으로 돌아가는 것이 낫지 아니하랴"(민 14:2b-3).

역설적이게도 바로 이때 '내가 반드시 이 산지를 정복하여 기업으로 삼으리라'는 갈렙의 비전이 더 분명해졌습니다. 성경에는 기록되어 있지 않지만 아마도 그는 하나님 앞에서 이렇게 다짐했을 것입니다.

'하나님! 거인 같은 아낙 자손이 거주하고, 크고 견고한 성읍이 있는 저 헤브론 산지를 저에게 주십시오! 제가 그 산지를 정복하여 하나님이 주신 약속의 말씀대로 기업으로 삼겠습니다!'

이렇게 갈렙은 가나안 땅을 정탐하면서 하나님이 주신 마음의 소원을 갖게 되었고, 다른 정탐꾼들의 악평과 백성들의 통곡 소리를 들으면서도 믿음의 소신을 굽히지 않았습니다. 오히려 지도자 모세의 말을 통해, 헤브론 산지를 정복하는 것이 개인적인 야망이 아닌 하나님이 주신 비전임을 더욱 확신하게 되었습니다.

> "그러나 내 종 갈렙은 그 마음이 그들과 달라서 나를 온전히 따랐은즉 그가 갔던 땅으로 내가 그를 인도하여 들이리니 그의 자손이 그 땅을 차지하리라"(민 14:24).

하나님이 주신 비전은 보고 듣는 것과 깊은 관련이 있습니다. 무엇을 보고 듣고 생각하는지, 또 누구를 만나는지가 굉장히 중요합니다. 안타깝게도 오늘날 많은 그리스도인에게는 비전이 없습니다. 신앙생활을 잘 하는 젊은이들 역시 자신의 비전에 대한 뚜렷한 청사진이 없습니다. 하나님이 주신 비전을 하나님이 특별한 방식으로 직접 나타나 말씀해 주시는 것으로만 알고 있기 때문입니다. 때문에 신앙생활을 열심히 하면서도 비전에 대해 물어 보면 '아직 기도 중'이라고 대답하는 청년이 너무나 많습니다.

물론 하나님이 특별한 방법으로 우리에게 비전을 주실 수도 있습니다. 그러나 대개의 경우 내가 일상 속에서 보고 듣고 경험한 것들을 통해 거룩한 비전을 품게 하십니다. 하나님은 우리 안에 소원을 두고 행하시는 분입니다. 특별한 날에 특별한 것을 보고 들을 거라 기대하며 기다리지 마십시오. 날마다의 일상 속에서 내가 무엇을 보고, 어떤 것을 듣고, 어떤 생각을 하는지가 가장 중요합니다. 하나님은 바로 그것을 통해 우리의 평생을 이끌 비전을 주십니다.

콘돌리자 라이스(Condoleezza Rice) 전 미(美) 국무장관은 인종차별이 심했던 1950년대 미국 남부에서 노예의 후손으로 태어났습니다. '콘돌리자'라는 이름은 음악 용어인 이탈리아어 '콘돌체자'(Con dolcezza, 부드럽게 연주할 것)에서 따온 것이라고 합니다. 아버지는 장로교 목사이고 어머니는 교사였습니다. 콘돌리자 라이스의 부모는 그녀가 어렸을 때부터 많은 지식과 문화적 소양을 쌓도록 도왔습니다. 콘돌리자는 책벌레라는 별명을 가질 만큼 많은 책을 읽었습니다. 또 음악과 발레, 외국어, 스포츠 등을 배우며 다양한 문화를 접했습니다.

열 살이 되던 해에 콘돌리자는 아버지와 함께 백악관을 구경하게 되었습니다. 부녀는 백악관 안으로 들어가지 못하고 밖에서만 구경했습니다. 이때 콘돌리자가 말했습니다.

"아빠, 두고 보세요. 저는 반드시 백악관 안으로 들어갈 거예요. 제가 밖에서 백악관을 구경해야 하는 건 피부색 때문이에요."

어린 소녀는 백악관을 본 순간 저곳에서 일하고 싶다는 꿈을 가졌습니다. 시간이 지난 후 놀랍게도 자신의 꿈대로 미국 최초의 흑인 여성 안보보좌관으로 백악관에서 일하게 되었습니다.

하나님의 사람이여, 도전하라!

또한 매들린 올브라이트(Madeleine Albright)에 이어 여성으로서는 두 번째로 미국의 국무장관이 되었습니다. 이처럼 꿈은 보고듣고 경험하는 것으로 갖게 될 때가 많습니다.

보는 것이 중요합니다. 듣는 것이 중요합니다. 생각하는 것이 중요합니다. 누가 훌륭한 부모입니까? 자녀를 똑똑하게 키우기보다는 분명한 비전을 갖도록 만들어 주는 부모입니다. 꿈꾸는자가 되게 하는 부모입니다. 부모가 해야 할 일은 자녀들이 '어떻게 살아야 하는지'에 대한 분명한 비전을 갖게 만드는 것입니다. 꿈을 꾸게 하는 것입니다.

할 수 있는 한 많은 것을 보게 하십시오. 많은 것을 경험하게하십시오. 울타리 안에 가두려고 하지 말고 많은 세계를 경험하게 하십시오. 유명 박물관도 보게 하고, 여러 대학도 보게 하고,다양한 연구소도 보게 하십시오. 자녀의 인생에 선한 영향을줄 수 있는 사람도 만나게 하십시오. 실제로 우리 교회 청년 중에 다니엘기도회에 강사로 와서 강력한 도전을 주었던 분을 인생의 멘토로 삼고자 비행기를 타고 외국까지 찾아가 만난 예도있습니다.

하나님은 내가 보고 듣고 만나고 생각하고 경험하는 것들을마음의 소원으로 품게 하십니다. 그리고 그 마음에 주신 소원중에 잊히지 않고 거룩한 부담으로 다가오는 것들을 내 인생의비전으로 품게 하십니다.

비전의 사람은 상황을 탓하지 않는다

아직도 많은 하나님의 사람들이 비전을 갖지 못한 채 방황하는 삶을 살고 있습니다. 적지 않은 기독 청년들이 하나님이 주신 비전 없이 닥치는 대로 인생을 살아가고 있습니다. 불평과 원망으로 가득 차 있는 인생들도 많습니다. 세상이 공평하지 못하다며 가진 자들을 원망합니다. 시대를 잘못 만나 직장을 구하기 힘들고 결혼하기도 힘들다며 이 시대를 원망합니다.

"누구는 부모를 잘 만나 멋진 인생을 살아가는데, 나는 그렇지 못해서 사는 게 늘 힘들기만 하다"며 자신의 출신 성분을 원망하기도 합니다. 다음세대들이 하나님이 주신 비전을 가지고 도전하는 삶을 살기보다 자신을 '흙수저'라 생각하고 '헬조선'을 외치며 살아가고 있습니다.

그러나 성경을 보십시오. 하나님의 손에 붙들려 한 시대에 쓰임 받았던 사람들을 보십시오. 우리 기준으로 말하면 대부분 금수저가 아닌 흙수저들입니다.

애굽의 국무총리가 되어 하나님의 구원 역사에 귀하게 쓰임받은 요셉은 애굽에 팔려가 종살이를 하던 사람이었습니다. 인생의 노년까지 선한 영향력 있는 삶을 살았던 다니엘 역시 전쟁 포로가 되어 바벨론으로 끌려갔던 사람입니다. 하지만 그들은 상황과 상관없이 하나님이 주신 비전을 품었고 세상이 감당할 수 없는 사람으로 살았습니다.

갈렙도 마찬가지입니다.

"그 때에 유다 자손이 길갈에 있는 여호수아에게 나아오고 그
니스 사람 여분네의 아들 갈렙이 여호수아에게 말하되"(6절a).

갈렙은 그니스 사람 여분네의 아들입니다. 그니스 사람은 팔
레스타인 주변에 거주하던 에돔 족속 중 하나입니다. 그는 전쟁
중에 애굽으로 끌려가 그곳에서 누군가의 전도를 통해 하나님
을 믿게 되었고, 이스라엘 백성들이 애굽에서 나올 때 함께 따
라 나왔을 것으로 추측됩니다. 실제로 출애굽기 12장 38절에
'수많은 잡족들이 이스라엘 백성들과 함께 출애굽을 하였다'고
기록되어 있습니다.

갈렙은 이방 족속에 속한 사람으로서, 이스라엘이 출애굽할
때 함께 따라 나온 잡족 출신입니다. 갈렙이라는 이름은 '케레
브'(כֶּלֶב)라는 말에서 유래한 것으로, 개, 매춘부, 노예라는 의미
입니다. 하지만 유다 지파에 영입되었고, 나중에는 유다 지파를
대표하여 가나안 땅을 정탐하고, 결국 그 땅을 정복하는 믿음의
영웅이 되었습니다. 별 볼일 없는 출신이었지만, 하나님이 주신
비전을 평생 품었고 마침내 하나님의 약속을 성취하는 일에 귀
하게 쓰임 받았습니다. 출신 성분을 뛰어넘어 그 시대에 가장

영향력 있는 사람이 된 것입니다.

더 이상 세상을 원망하거나 누군가를 탓하지 마십시오. 가진 것이 없다고 불평하지 마십시오. 배운 것이 없다고 낙심하지 마십시오. 비전과 사명은 여러분의 출신을 뛰어넘습니다. 그 누구도 무익한 자가 아니라 존귀한 자가 될 수 있습니다. 가장 영향력 있는 사람이 될 수 있습니다. 우리가 어떻게 쓰임 받을지는 아무도 모릅니다. 갈렙을 들어 쓰신 그 하나님이 지금도 살아서 우리와 함께하시기 때문입니다.

비전의 사람은 자리에 연연하지 않는다

여호수아와 갈렙은 동시대의 사람이었습니다. 둘은 가나안에 들어가서도 동일한 업적을 남겼습니다. 그런데 여호수아는 이스라엘의 지도자가 되었습니다. 또한 모세의 후계자이자 예수 그리스도의 모형으로 기록되어 있습니다. 성경 중 한 권은 여호수아의 이름으로 기록되었습니다. 반면 갈렙은 어떻습니까? 모세의 후계자 자리에서 제외되었습니다. 갈렙의 이름으로 기록된 성경도 없습니다. 이쯤 되면 기분 나쁘거나 배 아프지 않을까요? 성숙하지 못한 인격이라면 사사건건 뒤에서 여호수아를 깎아내리거나 딴죽을 걸지 않을까요?

하지만 성경 어느 곳에도 갈렙이 이 상황을 원망하거나 불평

한 장면이 기록되지 않았습니다. 여호수아와의 경쟁의식 때문에 갈등을 일으키거나 질투한 적도 없습니다. 오히려 갈렙은 철저하게 여호수아를 보필했습니다. 동역자로서 여호수아를 힘써 도왔습니다.

어떻게 그럴 수 있었을까요? 하나님이 주신 비전이 분명했기 때문입니다. 하나님이 그에게 주신 비전은 여호수아의 자리가 아니었습니다. 모세의 후계자가 아니었습니다. 헤브론의 산지를 정복해서 그 땅을 자기 기업으로 삼아 하나님의 하나님 되심을 드러내는 것이었습니다. 바로 그 이유 때문에 갈렙은 쓸데없는 것에 감정과 시간을 낭비하지 않고 자신의 사명에만 집중할 수 있었습니다.

하나님이 주신 비전을 가진 사람은 자리에 연연하지 않습니다. 자리보다 중요한 것은 하나님의 일에 더 귀하게 쓰임 받는 것입니다. 영향력 있는 하나님의 사람이 되는 것입니다. 물론 지위와 영향력은 비례할 수 있습니다. 그러나 높은 자리에 있다고 무조건 영향력 있는 사람이 되는 것은 아닙니다. 테레사 수녀를 보십시오. 테레사 수녀는 가장 낮은 자리에서 가장 영향력 있는 모습을 보여 주었습니다. 주의 향기를 내는 일은 어떤 자리에 있는지가 중요치 않습니다.

많은 사람들이 하나님이 주신 비전을 어떤 직분이나 지위로만 생각합니다. 그래서 수단과 방법을 가리지 않고 사회적 명망과 권력 있는 자리에 욕심을 냅니다. 교회 안에서도 장로나 권사가 되는 것을 자신의 비전으로 삼는 사람이 있습니다. 분명히 말하건대 하나님의 일과 선한 영향력이 아닌 지위에만 집착한다면 그것은 비전이 아니라 야망입니다.

야망을 가진 자는 지위나 자리를 중요하게 생각합니다. 그러나 하나님이 주신 비전을 가진 자는 어떻게 하면 주의 일에 쓰임 받을 수 있을지, 하나님의 사람으로 영향력 있는 사람이 될 수 있을지를 고민합니다.

비전의 사람은 비교하지 않는다

하나님이 주시는 비전을 가진 사람은 자신을 다른 사람과 비교하지 않습니다. 하나님이 주신 저마다의 비전이 다르기 때문입니다. 부르심의 소명이 다르기 때문입니다. 여호수아에게 주신 비전과 갈렙에게 주신 비전은 달랐습니다. 비전은 다른 누군가처럼 사는 것이 아닙니다. 가장 나답게 사는 것입니다.

여러분의 자녀를 다른 자녀들과 비교하지 마십시오. 비교하는 순간 교만해지거나 비참해집니다. 비교하는 순간 시기하거나 질투합니다. 만일 갈렙이 하나님이 주신 분명한 비전을 갖지 못해 여호수아와 스스로의 처지를 비교했다면 85세 전에 화병으로라도 일찍 죽고 말았을 것입니다.

하나님의 사람이여, 도전하라!

비교하지 마십시오. 부르심의 은혜가 다릅니다. 각자에게 주신 비전이 다릅니다. 교회도 마찬가지입니다. 우리 교회와 다른 교회를 비교하지 마십시오. 하나님이 이 시대에 우리 교회에 주신 비전과 다른 교회에 주신 비전이 다릅니다.

여러분 안에 다른 사람과 비교하려는 마음이 있습니까? 만일 그런 이유로 괴로워하고 잠 못 이룬다면, 지금 여러분은 하나님이 주신 꿈을 꾸고 있는 것이 아니라 야망을 꿈꾸고 있는 것입니다.

비전, 오늘을 버티게 하는 꿈

꿈이 있는 사람은 행복합니다. 자신만의 목표를 세우고 한평생 그것을 위해 달려가는 사람을 보면 부럽기까지 합니다. 그런데 그 꿈이 자신이 만든 꿈이 아니라 하나님이 주신 꿈이라면 어떨까요? 이 땅에서 하늘의 꿈을 꾸면서 살아가는 사람은 얼마나 더 행복할까요? 나에게 그 꿈을 꾸게 하신 분과 함께 평생을 달려가는 삶은 얼마나 더 멋질까요?

여러분의 평생을 이끌 하나님의 비전을 발견하시길 바랍니다. 오늘의 억울함을 위로하고 지금의 어려움에 힘을 줄 여러분만의 비전을 품으시길 바랍니다. 비전은 오늘을 버티게 합니다. 비전은 사사로운 것을 떨쳐 내게 합니다. 나만의 야망이 아닌 사람과 땅을 살리는 하나님의 거룩한 비전에 이끌리는 여러분의 삶이 되길 기도합니다.

13

○

꿈꾸게 하는 믿음은 무엇인가

여호수아 14장 12절

하나님의 사람은 멈춰 있지 않습니다. 끊임없이 고민하고 움직입니다. 그리고 꿈을 꿉니다. 왜냐하면 그의 마음에는 하나님이 주신 비전이 살아서 꿈틀대고 있기 때문입니다.

비전에 이끌려 사는 사람은 쉽게 흔들리지 않습니다. 작은 것에 휘둘리거나 동요하지 않고 묵묵하게 주어진 길을 걸어갑니다. 물론 넘어질 때도 있습니다. 억울할 때도 있고 속상할 때도 있습니다. 포기하고 싶을 때가 왜 없겠습니까? 하지만 그 자리에 마냥 앉아 있지 않습니다. 다시 일어나 뚜벅뚜벅 앞으로 나아갑니다. 그가 사로잡혀 있는 비전은 스스로 만들어 낸 것이 아니라 하나님으로부터 받은 것이기 때문입니다. 비전을 주신 하나님이 그 길을 갈 힘도 함께 주시기 때문입니다. 우리를 시작하게 하신 하나님은 마침내 우리를 완성하게 하시는 분이기 때문입니다.

3부 어떻게 도전하는가

왜 그곳인가

갈렙은 헤브론 산지를 비전으로 품었습니다. 무슨 이유 때문일까요? 하나님의 신실하심, 하나님의 하나님 되심을 드러내기 위해서입니다.

헤브론의 산지는 해발 930미터에 달하는 지점에 위치해 지형이 험하고 요새가 많습니다. 또한 성읍은 크고 견고하며 거인인 아낙 사람들이 거주하고 있었습니다.

때문에 가나안을 정복함에 있어 전쟁하기 어려운 곳인 것만큼은 분명했습니다. 그래서 열 명의 정탐꾼들은 그들과 비교하면 자신들은 '메뚜기 같다'고 보고했습니다.

가나안에 들어가 정복을 마친 후, 땅 분배를 시작하려 할 때에 갈렙이 여호수아에게 나아와 말합니다.

"그 날에 여호와께서 말씀하신 이 산지를 지금 내게 주소서 당신도 그 날에 들으셨거니와 그 곳에는 아낙 사람이 있고 그 성읍들은 크고 견고할지라도 여호와께서 나와 함께 하시면 내가 여호와께서 말씀하신 대로 그들을 쫓아내리이다"(12절).

자세히 보십시오. "이 땅을 지금 내게 주소서"가 아니라 "이 산지를 지금 내게 주소서"라고 했습니다.

하나님의 사람이여, 도전하라!

그의 목적은 정확했습니다. 땅을 차지하는 것이 목적이 아니었습니다. 아낙 자손들이 거주하는 크고 견고한 그 성읍을 차지하는 것이 그의 목적이었습니다. 모든 사람이 두려움에 휩싸여 절대 취할 수 없을 것이라고 했던 헤브론 산지를 정복하고자 했던 것은, 결국 하나님의 하나님 되심을 드러내기 위해서였습니다. 약속을 지키시는 신실하신 하나님을 드러내기 위해서였습니다.

갈렙의 결연한 의지에는 숨은 뜻이 있었습니다. '만일 헤브론 산지에 있는 사람들이 강하고 호전적이라고 해서, 또 그 성읍이 크고 견고하다고 해서 이 산지를 정복하지 못한다면, 이스라엘 사람들은, 가나안 사람들은 그리고 주변 나라의 사람들은 하나님을 어떻게 생각하겠는가!'

환경과 상황 앞에 지레 겁을 먹고 두려움에 빠져 하나님이 약속하신 이 산지를 정복하지 못한다면, 사람들이 하나님을 약속을 지키는 신실하신 하나님으로 인정하고 신뢰하겠느냐는 것입니다. 만약 그러한 이유로 이곳을 정복하지 못한다면, 어떻게 하나님이 우리에게 주신 약속의 땅 가나안을 정복했다고 말할 수 있겠느냐는 것입니다. 다른 곳을 다 정복했더라도 이곳을 정복하지 못한다면, 주변 나라의 사람들이 하나님에 대해 어떻게 생각하겠느냐는 것입니다. 훗날 우리 후손들이 약속을 해놓고도 지키지 못하시는 하나님, 힘이 없고 약한 족속들은 물리치지만 크고 강하고 견고한 성읍은 물리치지 못하는 연약한 하나님으로 생각하지 않겠느냐는 것입니다.

그래서 갈렙은 "이 산지를 지금 내게 주소서"라고 외치며 나아갔습니다. 헤브론의 산지를 정복하여 기업으로 삼으리라는 그의 비전에는 이러한 엄청난 이유가 있었습니다.

이것이 바로 비전과 야망의 차이입니다. 야망은 자신을 드러내는 것입니다. 야망의 중심에는 언제나 나 자신이 있습니다. 그러나 하나님이 주신 비전은 나를 드러내지 않습니다. 하나님의 하나님 되심만을 드러냅니다. 내가 믿는 하나님, 나에게 비전을 주신 하나님이 어떤 분인지 드러냅니다. 이것이 비전입니다. 갈렙은 자신의 비전을 통해 오직 하나님의 신실하심을, 하나님의 전능하심을 그리고 하나님의 하나님 되심을 드러내고 싶었습니다.

비전은 인생의 나이를 초월한다

인생의 나이 85세에 "이 산지를 지금 내게 주소서"라고 당당히 요구하는 갈렙의 모습을 보면서 한 가지 깨닫는 게 있습니다. 비전은 인생의 나이를 초월한다는 것입니다. 40세에 정탐꾼으로 가나안 땅에 들어가 헤브론의 산지를 보면서 하나님이 주신 비전을 품은 지 45년이 지났습니다.

"이제 보소서 여호와께서 이 말씀을 모세에게 이르신 때로부터 이스라엘이 광야에서 방황한 이 사십오 년 동안을 여호와께서 말씀하신 대로 나를 생존하게 하셨나이다 오늘 내가 팔십오 세로되"(10절).

보통 여든다섯 정도의 나이가 되면 어떻습니까? 기력이 쇠하고 마음도 약해지기 쉽습니다. 그런데 갈렙은 여호수아에게 자신은 여전히 강건하다고 말합니다.

"모세가 나를 보내던 날과 같이 오늘도 내가 여전히 강건하니 내 힘이 그 때나 지금이나 같아서 싸움에나 출입에 감당할 수 있으니"(11절).

갈렙은 정탐꾼으로 가나안 땅에 들어가던 날과 같이 여전히 강건하고, 힘도 그때나 지금이나 같아 싸움도 감당할 수 있다고 말합니다. 인생 나이 85세에 외치는 그의 선포는 오늘을 살아가는 우리를 흔들어 깨웁니다.

"그 날에 여호와께서 말씀하신 이 산지를 지금 내게 주소서"(12절a).

물론 20대 청년과 같은 체력은 아니겠지만 그럼에도 갈렙은 대체로 건강했던 것 같습니다. 사사기 1장을 보면, 갈렙이 그 땅을 점령할 때 직접 들어가지 않고 지휘만 하고 옷니엘을 시켜 정복하는 장면이 나옵니다. 이것으로 보아 그는 육체보다는 마음이 더욱 젊고 건강했던 것 같습니다. 그렇습니다. 꿈을 가진 사람은 항상 젊게 삽니다. 하나님이 주신 꿈을 가진 사람은 나이를 초월하여 그 마음에 항상 타오르는 불길이 있습니다. 젊음이 있습니다. 갈렙이 바로 그런 사람입니다.

아브라함 역시 75세에 하나님의 부르심을 받고 갈대아 우르를 떠났습니다. 모세도 80세에 "네 백성을 애굽에서 구원하여 내라"는 사명을 받고 애굽으로 내려가 자기 백성을 이끌어 냈습니다. 갈렙은 40세에 꿈을 가졌고, 85세에 그 꿈을 이뤘습니다. 45년이라는 기나긴 세월 동안 한 번도 그 꿈을 잊은 적이 없습니다. 그의 마음속에는 늘 헤브론 산지가 살아 숨 쉬고 있었습니다. 인생의 나이를 탓하지 마십시오. 하나님이 주신 사명을 생각하십시오. 꿈이 있는 자는 절망하지 않습니다. 꿈이 있는 자는 인내합니다. 꿈이 있는 자는 도전합니다. 오늘도 이 세상은 꿈을 가진 자들에 의해 정복됩니다.

어떤 믿음이 꿈꾸게 하는가

비전은 하나님으로부터 시작됩니다. 꿈은 꾸는 것이 아니라 꾸어지는 것처럼, 하나님이 주신 꿈 역시 꾸어지는 것입니다. 비전은 하나님이 우리 안에 소원을 두고 행하심으로 시작됩니다. 그러므로 비전의 중심은 하나님입니다. 비전의 시작이 하나님인 것처럼 비전의 완성 역시 하나님입니다. 하나님의 전능하심과 하나님 되심을 드러내고, 하나님이 어떤 분이신가를 드러내고, 마침내 하나님께 영광을 돌리는 것이 바로 비전입니다.

비전을 가진 사람의 마음에는 무엇이 있을까요? 어떤 불덩이가 그를 지치지 않게 만드는 것일까요? 믿음입니다. 믿음은 우리가 비전을 이루는 원동력입니다. 비전을 가지고 있다 할지라도 믿음이 없으면 도전할 수 없고 달려갈 수 없기 때문입니다. 비전의 사람 갈렙은 오늘 우리에게 비전의 사람이 가져야 할 믿음을 가르쳐 줍니다.

그 믿음의 가르침은 첫째, 여호와를 온전히 좇는 믿음입니다. 갈렙은 여호와를 온전히 좇는 사람이었습니다. 성경은 갈렙을 언급할 때마다 '여호와를 온전히 좇았다'고 말합니다. 여호수아 14장은 마침내 헤브론이 갈렙의 기업이 되었음을 말하면서 그 이유를 이렇게 설명합니다.

"헤브론이 그니스 사람 여분네의 아들 갈렙의 기업이 되어 오늘까지 이르렀으니 이는 그가 이스라엘의 하나님 여호와를 온전히 좇았음이라"(14절).

이스라엘의 하나님 여호와를 온전히 좇았기 때문에, 즉 충성했기 때문에 마침내 헤브론이 갈렙의 기업이 될 수 있었습니다. '여호와를 온전히 좇았다'는 말은 무슨 뜻일까요? 히브리어 원어로는 '밀레티 아하레'(מִלֵּאתִי אַחֲרֵי), 즉 '뒤를 가득히 채우다'라는 뜻입니다. 직역하면 '나는 나의 하나님 여호와의 뒤를 가득히 채웠다'라는 의미입니다. 하나님과 나 사이에 그 어떤 간격도 생기지 않도록 가득히 채웠다는 것입니다. 이는 내 마음 속에 어떤 부정적인 생각도 들어오지 못하도록 하나님의 말씀으로 가득 채운 것을 말합니다.

사탄이 내 안에 들어오는 이유는 무엇입니까? 하나님과 나 사이에 틈이 벌어져 있기 때문입니다. 사탄에게는 틈새 전략이 있습니다. 어떻게 사탄이 가정과 교회 안에 들어올 수 있습니까? 부부 사이에 또는 부모와 자녀 사이에, 목회자와 성도 사이에 틈이 생기기 때문입니다. 사탄은 우리 사이에 틈이 생기기를 기다리며 기회를 엿보고 있습니다. 하지만 갈렙의 마음속에는 사탄이 틈을 탈 수 없을 정도로 하나님의 말씀이 가득 채워져 있었습니다. 어떠한 부정적인 생각도 침투할 수 없을 정도로 하나님이 주신 약속의 말씀으로 충만했습니다. 그래서 하나님은 갈렙에게 약속하셨습니다.

"그러나 내 종 갈렙은 그 마음이 그들과 달라서 나를 온전히 따랐은즉 그가 갔던 땅으로 내가 그를 인도하여 들이리니"(민 14:24a).

하나님은 '오직 내 종 갈렙은 그 마음이 그들과 달랐다'고 말씀하십니다. '그들'은 누구입니까? 함께 정탐에 참여했던 열 명의 정탐꾼들입니다. 나아가 열 정탐꾼들의 보고를 받고 하나님을 원망하며 차라리 여기에서 죽게 해 달라고 울부짖었던 모든 이스라엘 백성을 말합니다. 하지만 갈렙은 그들과 마음이 달랐습니다. 이는 하나님이 주신 약속의 말씀을 온전히 믿었다는 것을 뜻합니다.

'여호와를 온전히 좇았다'는 말은 약속의 말씀을 믿고, 행동으로 주님을 따랐음을 의미합니다. 다른 사람들은 견고한 성읍만을 보았습니다. 아낙 자손들만을 보았습니다. 그러나 갈렙은 "그 땅을 너희에게 주리라"고 하신 하나님의 약속을 보았습니다. 그리고 그 약속을 주장했습니다.

"여호와께서 우리를 기뻐하시면 우리를 그 땅으로 인도하여

3부 어떻게 도전하는가

들이시고 그 땅을 우리에게 주시리라"(민 14:8a).

　갈렙의 믿음은 단순히 머리로만 동의하고 인정하는 그런 믿음이 아니었습니다. 갈렙은 여호와를 온전히 좇았습니다. 간격을 두고 좇는 것이 아니라 초강력 접착제처럼 딱 붙어 주님을 따랐습니다. 그래서 비전을 품은 그날로부터 45년 동안 하나님의 약속을 잊지 않고 간직하며 살아왔습니다. 점점 나이도 많아지고 오랜 기다림에 지칠 수도 있었지만, 신실하신 하나님이 반드시 그 일을 이루실 것을 믿고 인내하며 그날을 기다려 왔습니다.

　여러분에게 하나님의 비전이 있습니까? 그렇다면 몇 년 동안 하나님의 약속을 기다려왔습니까? 포기하지 마십시오. 하나님은 그분의 때에 그분의 방법으로 능히 이루실 것입니다.

　한때 신앙이 깊었던 사람도 세월이 흐르면서 그 신앙이 변질되는 경우를 봅니다. 솔로몬 왕도 초기에는 하나님을 온전히 의지하며 지혜를 구했지만, 나중에는 부귀와 영화를 누리다 보니 많은 처첩을 두고 우상을 숭배했습니다. 요아스도 초기에는 하나님을 잘 섬겼으나, 후에는 우상 숭배에 빠지고 하나님이 보내신 선지자의 말을 듣지 않는 완악한 자가 되었습니다. 열여섯 살의 나이에 왕이 된 웃시야도 하나님의 도우심을 구하여 강성한 나라를 이끌었지만, 후에는 교만해져서 여호와의 성전에 들어가 분향하는 죄를 짓다가 한센병자가 되었습니다.

하지만 갈렙은 끝까지 여호와께 충성했습니다. 환경을 보지 마십시오. 사람을 보지 마십시오. 약속의 말씀을 붙드십시오. 그리고 그 말씀에 여러분의 인생을 거십시오. 말씀을 붙들고 하나님이 주신 비전에 도전하십시오. 비전의 사람이 가져야 할 신앙은 여호와를 온전히 좇는 신앙입니다.

갈렙의 두 번째 믿음의 가르침은 임마누엘의 믿음입니다. 갈렙은 비전의 사람입니다. 그에게는 꿈이 있었지만, 하나님이 함께하지 않으시면 그것은 절대 이루어질 수 없다는 것도 알았습니다. 그래서 여호수아에게 "이 산지를 지금 내게 주소서"라고 요구하면서 이렇게 말합니다.

"그 곳에는 아낙 사람이 있고 그 성읍들은 크고 견고할지라도 여호와께서 나와 함께 하시면 내가 여호와께서 말씀하신 대로 그들을 쫓아내리이다"(12절b).

세상의 '아무리'는 하나님의 '반드시' 앞에 무릎 꿇게 되어 있습니다. 하나님이 세상을 다스리시기 때문입니다. 하나님이 하신 약속의 말씀은 반드시 성취되기 때문입니다. 아무리 거대한 아낙 자손이 버티고 있고, 아무리 그 성이 크고 견고하다 할지라도, 하나님이 나와 함께하시면 그분의 약속대로 반드시 그들을 쫓아내고 그 땅을 차지할 수 있습니다.

갈렙은 비전만 가지고 도전하지 않았습니다. 임마누엘의 신앙을 가지고 도전했습니다. 그렇습니다. 비전은 내 노력과 의지만으로 이루어지지 않습니다. 하나님이 길을 열어 주셔야 합니다. 하나님이 앞서 행하며 싸워 주셔야 합니다. 비전의 사람에게는 그 하나님에 대한 믿음이 필요합니다.

나의 산지는 무엇인가

하나님의 사람에게는 정복해야 할 산지가 있습니다. 그 산지는 내가 보며 달려가야 할 인생의 푯대입니다. 하나님이 나를 통해 이루고자 하시는 비전이며 사명입니다. 하나님이 사람을 지으시고 가장 먼저 주신 축복이 무엇입니까? '생육하고 정복하고 다스리는 일'입니다(창 1:28).

하나님은 우리를 정복하고 다스리는 자로 지으셨습니다. 그러므로 하나님의 사람은 정복당하는 인생이 아니라 정복하는 인생을 살아야 합니다. 세상 문화에 정복당하는 자가 아니라 복음으로 세상 문화를 정복하는 자가 되어야 합니다.

갈렙에게는 인생의 나이를 초월하여 하나님의 하나님 되심을 드러낼 '이 산지'가 있었습니다. 그렇다면 오늘 하나님의 사람으로서 이 땅을 살아가는 여러분이 정복해야 할 산지는 무

하나님의 사람이여, 도전하라!

엇입니까? 하나님이 여러분에게 주신 비전과 사명은 무엇입니까? 여러분이 지금 살아 있는 것은 정복해야 할 산지가 있기 때문입니다. 하나님이 여러분에게 주신 바로 그 산지를 정복하십시오. 그러기 위해 하나님께 온전히 붙어 있으십시오. 여러분의 마음을 나와 함께하시는 하나님에 대한 믿음으로 가득 채우십시오. 그 믿음이 여러분을 꿈꾸게 하고 도전하게 할 것입니다.

14

○

위기를 기회로 살려 내라

마태복음 14장 22-25절

"위기는 곧 기회다"라는 말이 있습니다. 한자로 '위기'는 위태할 '위'(危) 자와 기회 '기'(機) 자로 이루어졌습니다. 역사학자 토머스 칼라일도 "위기는 기회에서 온다"고 말했습니다.

성경에는 실제로 위기가 곧 기회가 된 경우가 많습니다. 에스더서를 봅시다. 하만이라는 사람의 모략에 의해 유대 민족이 말살될 위기에 처했지만, 왕후 에스더가 '죽으면 죽으리라'는 각오로 왕에게 나아갔습니다. 이에 하나님이 극적으로 개입하셔서 결국 하만의 모든 계략은 들통 나고 유대인들은 살아남았습니다. 이에 더해 원수들이 도륙을 당하는 대반전이 일어났습니다. 말 그대로 위기가 기회가 된 것입니다.

다니엘의 세 친구들 역시 금 신상에 절하지 않아 일곱 배나 뜨거운 풀무불에 던져졌습니다. 인생 최고의 위기를 만난 것입니다. 그러나 하나님이 함께하심으로 머리털 하나 그을리지 않

하나님의 사람이여, 도전하라!

고 살아 나왔습니다. 그것을 본 느브갓네살 왕은 사드락과 메삭, 아벳느고의 하나님을 찬양하며 사람을 구원할 다른 신이 없음을 고백했습니다.

출애굽한 이스라엘 백성들 역시 위기가 곧 기회가 되는 놀라운 은혜를 경험했습니다. 모세가 이끄는 이스라엘 백성들은 애굽 군대에게 추격을 당하던 중 홍해를 만났습니다. 앞은 넘실대는 홍해가 가로막았고, 뒤에는 바로가 이끄는 애굽 군대가 먼지를 일으키며 추격해 오고 있었습니다. 말 그대로 사면초가의 상황이었습니다. 그때 하나님이 홍해를 갈라 이스라엘 백성은 마른 땅을 밟으며 건너게 하셨고, 뒤따라오는 애굽 군대는 바다에 수장되었습니다. 진퇴양난의 위기가 홍해의 기적을 경험하는 기회가 된 것입니다.

다윗 역시 파란만장한 삶을 살면서 위기가 곧 기회가 되는 은혜를 수없이 체험했습니다. 아버지의 심부름으로 싸움터를 방문했던 다윗은 3미터나 되는 적장 골리앗 앞에 홀로 섰습니다. 하지만 여호와의 이름으로 던진 물맷돌 한 방에 거구 골리앗이 그 자리에서 쓰러졌습니다. 이에 블레셋 군대는 혼비백산하여 도망갔습니다. 골리앗과의 만남은 인생의 위기였지만, 도리어 하나님의 살아 계심과 전쟁이 하나님께 속한 것임을 만방에 드러내는 기회가 되었습니다.

위기인가, 기회인가

우리 인생은 위기의 연속입니다. 모든 사람은 본능적으로 위기를 싫어합니다. 당연합니다. 스스로 위기 속으로 들어가는 사람은 아무도 없습니다. 그럼에도 불구하고 위기는 내 의지와 상관없이 불쑥불쑥 찾아옵니다. 중요한 것은 동일한 상황과 환경도 어떤 사람에게는 위기가 될 수 있고, 어떤 사람에게는 기회가 될 수 있다는 것입니다. 자신이 처한 그 상황을 어떻게 해석하고 대처하느냐에 따라 위기가 될 수도 있고 기회가 될 수도 있습니다.

술주정꾼 아버지 밑에서 자란 두 아들이 있었습니다. 한 아들은 술주정꾼이 되고 다른 한 아들은 성직자가 되었습니다. 술주정꾼 아들에게 물었습니다. "당신은 왜 술주정꾼이 되었습니까?" 아들은 답했습니다. "그럴 수밖에 없지 않습니까?" 그는 평생 술을 드시는 아버지를 보고 자랐기 때문에 당연히 그럴 수밖에 없었다고 했습니다. 성직자가 된 아들에게도 물었습니다. "왜 당신은 아버지가 술 마시는 것을 보고도 술을 배우지 않았습니까?" 성직자가 된 아들의 대답도 같았습니다. "그럴 수밖에 없지 않습니까?" 평생 술을 드시는 아버지의 모습을 보고 자랐는데 어떻게 술을 입에 댈 수 있겠느냐는 것이 그의 대답이었습니다.

그렇습니다. 모든 위기가 다 기회가 되는 것이 아닙니다. 어떤 사람에게는 위기가 기회가 되기도 하지만 어떤 사람에게는 그 위기가 추락이 될 수 있습니다. 그래서 "위기는 위험한 기회다"라고도 합니다.

예수님과 제자들에게 찾아온 위기 역시 그렇습니다.

예수님의 위기

예수님에게 찾아온 위기에 대해 생각해 봅시다. 예수님은 앞서 오병이어의 기적을 행하셨습니다. 보리떡 다섯 개와 물고기 두 마리로 5천 명을 먹이는 놀라운 기적을 행하셨습니다. 사람들은 이 표적을 보고 예수님이야말로 자신들이 오랫동안 기다려 왔던 선지자라고 확신했습니다.

"그 사람들이 예수께서 행하신 이 표적을 보고 말하되 이는 참으로 세상에 오실 그 선지자라 하더라"(요 6:14).

예수님의 표적에 흥분한 사람들은 예수님을 억지로 자기들의 임금으로 삼으려 했습니다.

"그러므로 예수께서 그들이 와서 자기를 억지로 붙들어 임금으로 삼으려는 줄 아시고 다시 혼자 산으로 떠나 가시니라"(요 6:15).

예수님은 그것을 기회라고 생각하지 않으셨습니다. 오히려 유혹과 위기라고 생각하셨습니다. 예수님은 이 땅에 인류를 구원하러 오셨지 정치적인 메시아로 오신 분이 아니기 때문입니다. 그렇습니다. 예수님은 왕이 되기 위해 이 세상에 오신 분이 아닙니다. 그런데도 사람들은 예수님이 행하신 기적을 보고 그 현장에서 자신들의 임금으로, 정치적인 메시아로 삼으려고 했습니다. 예수님에게는 그것이 바로 위기였던 것입니다.

그렇다면 예수님은 자신에게 찾아온 이 위기를 어떻게 극복하셨을까요? 먼저 자기를 임금 삼으려는 군중을 흩으셨습니다. 그렇지 않으면 사람들은 군중심리를 이용해 더 적극적으로 애쓸 것이기 때문입니다. 그 다음 제자들을 자신보다 앞서 바다 건너편으로 가게 하셨습니다. 그리고 예수님 자신도 홀로 기도하러 산으로 올라가셨습니다.

"무리를 보내신 후에 기도하러 따로 산에 올라가시니라 저물매 거기 혼자 계시더니"(23절).

예수님은 사람들이 자신을 임금 삼으려는 그 자리를 피하셨

하나님의 사람이여, 도전하라!

습니다. 그리고 홀로 산으로 올라가 기도하셨습니다. 유혹의 자리를 피해 산으로 가서 늦은 시간까지 홀로 기도하심으로 자신에게 찾아온 위기를 극복하신 것입니다.

사람들은 누구나 인정받기를 원합니다. 높아지기를 원하고, 사람들로부터 환호와 박수 받기를 원합니다. 그런데 환호와 박수갈채를 받는 그 순간이 우리 인생에서 가장 큰 위기의 순간이 될 수 있습니다. 바로 이때 마음이 흔들리고, 자신의 본분을 잊어버릴 수 있기 때문입니다.

내 인생에 이런 유혹이 찾아올 때에는 사람들의 환호와 박수를 멀리해야 합니다. 그리고 하나님의 보좌 앞으로 더 가까이 나아가야 합니다. 하나님 앞에 홀로 머물러 있는 시간을 더 많이 보내야 합니다. 예수님처럼 말입니다.

제자들의 위기

제자들에게도 두 번의 위기가 찾아왔습니다.

첫 번째 위기는 기적의 현장에서 일어났습니다. 앞에서 이야기한 것처럼, 예수님이 오병이어의 기적을 행하시자 그곳에 있던 사람들은 흥분하기 시작했습니다. 예수님을 자신들이 그토록 기다려 왔던 메시아, 즉 로마의 압제에서 해방시킬 정치적인 메시아로 생각한 것입니다. 그래서 그 기적의 현장에서 예수님을 억지로 붙들어 자기들의 임금으로 삼으려고 했습니다.

이것이야말로 예수님의 제자들이 바라던 것이었습니다. 사실 제자들에게는 예수님이 언제 메시아로 등극하실 것인가가 초미의 관심사였습니다. 제자들 역시 예수님이 로마의 압제에서 자신들을 해방시켜 주실 날을 손꼽아 기다리고 있었던 것입니다. 드디어 그 순간이 다가왔다고 생각했습니다. 그래서 제자들은 사람들이 환호와 박수갈채를 보내며 예수님을 붙잡아 억지로 임금 삼으려고 할 때에 내심 그 순간을 반기며 즐기고 있었습니다.

하지만 예수님은 즉시 제자들을 재촉해 그 현장을 떠나게 하셨습니다.

"예수께서 즉시 제자들을 재촉하사 자기가 무리를 보내는 동안에 배를 타고 앞서 건너편으로 가게 하시고"(22절).

예수님이 단호하게 대처하신 이유가 무엇일까요? 지금의 상황이 자신뿐 아니라 제자들에게도 위기라고 생각하셨기 때문입니다. 반면 제자들은 예수님이 메시아로 등극하는 것이 자신들에게는 기회라고 생각했습니다. 예수님이 정치적인 메시아로 등극하여 임금이 되면 자신들도 한자리씩 차지할 것으로 여겼기 때문입니다.

하나님의 사람이여, 도전하라!

예수님의 생각과 우리의 생각이 이렇게 다를 수 있습니다. 사실 우리는 다른 사람으로부터 칭찬과 환호를 받고 인정받는 것을 위기라고 생각하지 않습니다. 내 생활이 안정되고 문제가 없는 상황을 위기라고 생각하지 않습니다. 갑자기 실직을 당한다든지, 자녀가 가출을 했다든지, 사업이 부도난다든지, 암에 걸렸다든지, 가족 중 누군가 교통사고를 당했다든지, 바이러스에 감염이 되었다든지 또는 불이 나서 집이나 일터가 전소되었을 때 이를 위기라고 여깁니다. 그러나 이것만이 위기가 아닙니다. 내 삶에 아무런 문제가 없어서 안주하다가 내 영혼이 서서히 하나님과 멀어진다면, 그것이야말로 최고의 위기입니다.

우리 인생에는 이런 일이 정말 많습니다. 지금의 상황이 성공할 수 있는 기회, 승진할 수 있는 기회, 인정받을 수 있는 기회라고 생각합니다. 그런데 하나님은 여러분이 처해 있는 그 상황을 기회가 아닌 위기라고 생각하실 수 있습니다. 반면 지금 내가 처해 있는 상황이 위기라고 생각하는데, 하나님은 오히려 절호의 기회라고 생각하실 수도 있습니다.

그렇다면 위기와 기회의 차이는 무엇일까요? 하나님은 무엇을 근거로 위기라고 말씀하시고, 무엇을 기준으로 기회라고 말씀하실까요? 바로 하나님과의 친밀함입니다. 만약 좋은 대학에 합격하고, 좋은 직장에 입사하고, 추진하는 사업이 잘 되더라도 하나님과 멀어진다면, 그것은 내 영혼이 위기에 처한 것입니다.

반면 지금 당하는 고난 때문에 하나님 앞에 머물러 있는 시간이 많아지고 주님께 더 가까이 나아갈 수 있다면, 이 고난은 위기가 아니라 하나님을 깊이 만날 수 있는 절호의 기회가 되는 것입니다.

제자들이 만난 두 번째 위기는 풍랑이었습니다. 예수님은 오병이어 기적 이후 제자들을 재촉해 배를 타고 앞서 건너편으로 가게 하셨습니다. 그런데 제자들이 탄 배가 풍랑을 만났습니다.

"배가 이미 육지에서 수 리나 떠나서 바람이 거스르므로 물결로 말미암아 고난을 당하더라"(24절).

예수님의 말씀에 순종해 바다를 건너던 제자들이 큰 풍랑을 만났습니다. 우리는 흔히 말씀에 불순종하고 죄악의 길을 갈 때에만 시련과 위기가 찾아온다고 생각합니다. 실제로 요나는 주님의 명령을 거역하고 다시스로 가는 배를 탔다가 풍랑을 만났습니다. 그러나 제자들처럼 말씀에 순종하여 가는 길에도 위기가 있고 고난이 있음을 알아야 합니다.

고난의 현장을 보고 계시는 주님

그런데 제자들이 풍랑을 만난 것보다 더 중요한 사실이 있습니

하나님의 사람이여, 도전하라!

다. 주님은 풍랑으로 고난당하고 있는 제자들의 모습을 보고 계셨다는 사실입니다.

"바람이 거스르므로 제자들이 힘겹게 노 젓는 것을 보시고"(막 6:48a).

예수님은 바람과 사투를 벌이는 제자들을 보고 계셨습니다. 어디서 보고 계셨을까요? 기도의 현장에서입니다. 산 위에 올라가 홀로 기도하시던 예수님은 기도의 현장에서 제자들이 풍랑을 만나 힘겹게 노 젓는 것을 보고 계셨습니다. 아무도 없는 칠흑 같은 갈릴리 바다의 한복판에서 고군분투하는 제자들을 주님은 이미 보고 계셨습니다.

이는 기도의 중요한 요소입니다. 기도할 때는 막연하게 기도하지 말고 현장을 보고 기도해야 합니다. 그래서 기도의 산에 올라야 합니다. 실제로 높은 산에 올라가라는 뜻이 아닙니다. 주님의 시선이 머무는 곳을 보며, 하나님 아버지의 마음으로 기도하라는 말입니다.

기도의 깊은 단계에 들어가면 성령님이 이끄시는 기도를 하게 됩니다. 성령님의 인도하심을 따라 기도하면 눈에 보이지 않는 현장을 보고 기도하게 됩니다. 성령께서 하나님의 위로와 자비가 필요한 이들의 가난한 심령을 느끼게 하시고, 선교지의 아품과 눈물, 필요가 생각나게 하십니다. 또 공동체의 비전에 동참하며 그리스도인으로서 세상의 소금과 빛의 역할을 감당하고, 자신에게 주어진 사명을 따라 믿음으로 도전하는 뜨거운 마음을 주시기도 합니다.

주님은 보고 계십니다. 오늘 여러분이 처해 있는 고난의 현장을 직접 보고 계십니다. 인생의 풍랑을 만나 괴로이 노를 젓고 있는 여러분의 지친 모습을 주님은 보고 계십니다. 사방으로 욱여쌈을 당해 진퇴양난의 상황에서 발을 동동 구르고 있는 여러분의 모습을 보고 계십니다. 기가 막힌 일을 당해 억울하고 분한 마음에 잠을 이루지 못하고 있는 여러분을 주님은 보고 계십니다. 경기 침체로 인해 당장 내일을 걱정해야 하는 여러분을 주님은 보고 계십니다. 가정에서, 학교에서 폭력에 떨며 안절부절 못하는 여러분의 모습도 주님은 보고 계십니다. 배우자의 외도와 자녀의 탈선으로 인해 마음이 새카맣게 타들어 가는 여러분의 모습을 주님은 보고 계십니다. 이런 상황을 일찍이 경험한 다윗은 이렇게 고백합니다.

"주께서 내가 앉고 일어섬을 아시고 멀리서도 나의 생각을 밝히 아시오며 나의 모든 길과 내가 눕는 것을 살펴 보셨으므로 나의 모든 행위를 익히 아시오니 여호와여 내 혀의 말을 알지 못하시는 것이 하나도 없으시니이다"(시 139:2-4).

하나님의 사람이여, 도전하라!

다윗은 하나님이 내 인생의 모든 것, 앉고 일어서는 것만이 아니라 내 모든 생각과 혀의 말까지 알고 계신다고 말합니다. 주님이 여러분의 모든 것을 보고 계십니다. 다 알고 계십니다.

그곳으로 찾아오시는 주님

또한 예수님은 보고 계실 뿐만 아니라 그 현장에 직접 찾아오십니다.

> "밤 사경에 예수께서 바다 위로 걸어서 제자들에게 오시니"(25절).

예수님은 제자들이 풍랑을 만나 힘겹게 사투하는 모습을 보고 안타까워하지만 않으셨습니다. 동이 트는 아침까지 머뭇거리지 않으셨습니다. 물 위를 걸어 제자들을 찾아오셨습니다.

언제 찾아오셨습니까? 밤 사경입니다. 밤 사경은 새벽 3-6시를 말합니다. 해가 넘어간 때로부터 오랜 시간이 경과했고, 곧 여명이 밝아올 시간이기 때문에 어두움이 가장 짙게 깔린 때입니다. 예수님은 이미 제자들의 상황을 보셨지만 좀 더 일찍 나타나 구원하지 않으셨습니다. 밤 사경까지 기다리셨습니다. 그때까지 기다리셨다가 물 위를 걸어 제자들을 구원하셨습니다.

왜 밤 사경인가

왜 밤 사경일까요? 이 시간에 담긴 하나님의 뜻은 무엇일까요?

첫째, 밤 사경은 하나님이 일하실 수 있는 최고의 시간입니다. 인간에게 있어 밤 사경, 즉 새벽 3-6시는 더 이상 버틸 힘이 없는 때를 말합니다. 밤 사경은 육체의 한계, 지식의 한계, 경험의 한계를 느끼는 시간입니다. 모든 방법을 동원하고 발버둥을 쳐도 인간으로서 더는 어찌할 수 없는 시간을 말합니다. 사실 제자들도 풍랑을 만났을 때 자신들의 힘으로 풍랑을 이겨 내려고 애썼습니다. 힘을 다해 노를 저었습니다.

그러나 자신들의 힘과 노력으로는 도저히 이길 수 없는 자포자기의 지경에 이르렀습니다. 바로 그때 주님이 물 위를 걸어 제자들에게 찾아오신 것입니다. 밤 사경이 제자들에게는 가장 큰 절망의 시간이요 한계의 시간이면서, 동시에 하나님에게는 온전히 일을 행하실 수 있는 최고의 시간이기 때문입니다.

둘째, 밤 사경은 그것이 하나님이 행하신 일임을 분명히 직시하기 위한 상징적인 때입니다. 주님이 밤 사경에 찾아오셔서 일을 행하신 이유는, 이 일이 오직 그분에 의한 일임을 보여 주시기 위해서입니다. 만일 어떤 문제가 생기자마자 기도해서 즉시 해결되었다면 우리는 내심 운이 좋아서, 시대를 잘 만나서, 나 자신이 잘나서라고 생각할 수 있습니다.

하나님의 사람이여, 도전하라!

하나님은 모든 일이 오직 그분에 의해 이루어진 것임을 분명하게 하기를 원하십니다. 때문에 많은 경우 불가능한 상황에 이를 때까지 기다리십니다. 인간의 힘으로는 도저히 이루어질 수 없는 한계 상황이 될 때까지 기다리십니다.

"주님, 제게는 아무 힘도 능력도 없습니다. 주님이 역사해 주지 않으시면 저는 일어설 수도 없고 감당할 수도 없습니다. 저를 도우실 수 있는 분은 오직 주님뿐입니다." 이렇게 고백할 때까지 기다리십니다.

"사람의 끝이 하나님의 시작이다"라는 말이 있습니다. 하나님은 도저히 인간의 힘으로 이루어질 수 없는 상황이 되었을 때, 바로 그때부터 일하기 시작하십니다. 그래서 어떤 이는 속된 말로 "하나님이 티를 내신다"고 말합니다. 맞습니다. 하나님은 티를 내십니다. 하나님 자신이 그 일을 행하셨음을 분명히 하십니다.

주님만이

예수님은 밤 사경에 물 위를 걸어와서 풍랑을 잔잔케 하셨습니다. 그리고 예수님이 배에 오르시자 바람이 그쳤습니다.

예수님만이 내 인생의 풍랑을 잔잔케 하실 수 있습니다. 예수님만이 나를 위기 가운데서 건져 주실 수 있습니다. 내 삶의 위기를 기회로 살려 내기 위해서는 오직 주님의 도움이 필요합니다. 위기의 순간에 주님을 바라보십시오. 나의 위기를 이미 지켜보고 계시는 주님, 나의 위태로운 삶 속으로 걸어 들어오시는 주님, 나의 절박한 기도를 기다리시는 주님을 바라보십시오. 주님의 얼굴을 구하십시오.

지금 여러분에게 닥친 인생의 위기가 누구도 예상치 못한 기회가 될 수 있습니다. 여러분이 경험하고 있는 쓰라린 인생의 위기가 추락이 아니라 도리어 하나님을 만나고 하나님이 행하시는 일을 드러낼 수 있는 최고의 기회가 되기를 기도합니다.

15

단순한 믿음으로 기적에 도전하라

마태복음 14장 26-33절

아시는 것처럼, 오륜교회 2020년 표어는 "하나님의 사람이여, 도전하라!"입니다. 성경에 '도전'이라는 단어는 나오지 않습니다. 하지만 성경은 끊임없이 도전했던 하나님의 사람들 이야기를 들려줍니다.

블레셋의 챔피언 골리앗에 맞선 다윗, 하나님이 주신 평생 비전을 놓치지 않은 갈렙, 예측할 수 없는 온갖 우여곡절을 겪으면서도 세상과 타협하지 않았던 요셉, 왕의 명령 앞에서도 신앙의 절개를 지킨 다니엘 등 수많은 사람들이 하나님의 이름으로 도전하는 삶을 살았습니다.

무모한 도전이 주는 감동

사도 바울 역시 우리에게 도전하는 믿음을 보여 줍니다. 그는 죽는 날까지 그리스도 예수께 잡힌 바 된 그것을 잡으려고 끊임없이 달려가는 삶을 살았습니다.

"내가 이미 얻었다 함도 아니요 온전히 이루었다 함도 아니라 오직 내가 그리스도 예수께 잡힌 바 된 그것을 잡으려고 달려가노라"(빌 3:12).

또한 뒤에 있는 것은 잊어버리고, 앞에 있는 것을 잡으려고 푯대를 향해 달려가는 삶을 살았습니다.

"뒤에 있는 것은 잊어버리고 앞에 있는 것을 잡으려고 푯대를 향하여 그리스도 예수 안에서 하나님이 위에서 부르신 부름의 상을 위하여 달려가노라"(빌 3:13b-14).

사도 바울은 한순간도 안주하지 않았습니다. 하나님이 자신의 영혼을 부르시는 그날까지 선한 싸움을 싸우고 달려갈 길을 달렸습니다.

지금은 종영되었지만 한때 주말이면 높은 시청률을 자랑했던 〈무한도전〉이라는 예능 방송이 있었습니다. 무한도전은 '무모한 도전'이라는 뜻입니다. 유재석 씨를 비롯한 여러 개그맨들이 매주 그야말로 무모한 일에 도전합니다. 기차와 달리기 시합을 하고, 격투기 선수인 표도르(Fedor)를 초청해 대결을 하고, 스케이트 타는 법을 배워 아이스하키 국가대표 선수들과 경기 하고, 몇 개월 동안 조정을 배워 실제 경기에 임하기도 했습니다. 말 그대로 무모한 도전이었지만, 실패할지라도 끊임없이 새롭게 도전하는 모습은 시청자들에게 웃음을 넘어 공감과 감동을 주었습니다.

호서대학교 설립자이자 총장을 지낸 고(故) 강석규 박사가 95세의 생일에 쓴 "어느 95세 어른의 수기"라는 제목의 글이 화제가 된 적이 있습니다.

"65세까지는 열심히 살았습니다. 정년퇴임을 한 이후에는 덤으로 주어진 인생이라 생각하고 피동적인 삶을 살았습니다. 그리고 95세가 되는 날, 지난 30년을 덧없고 희망 없이 산 것을 몹시 후회했습니다. 그래서 새롭게 어학 공부에 도전할 것을 다짐합니다. 그 이유는 단 한 가지, 10년 후 105번째 생일날 지난 10년 동안 아무 일에도 도전하지 않은 것을 후회하지 않기 위해서입니다."

그는 95세의 나이에도 10년 후 돌아볼 자신의 인생을 후회하지 않기 위해 도전하는 모습을 보여 주었습니다. 비록 103세에 작고하였지만, '진정한 성공은 성공을 위해 끝까지 시도하는 용감한 사람들의 몫'이라며 자신이 입술로 고백한 것을 지키기 위해 끝까지 도전한 그의 삶은 많은 이들에게 울림이 됩니다.

살아 있는 자는 도전합니다. 그리고 도전하는 자가 세상을 만들어 갑니다. 물론 실패할 때도 있습니다. 그러나 실패를 두려워하여 마냥 주저앉아 있기보다는 일단 부딪쳐 봐야 합니다. 실패를 교훈삼아 다시 도전하면 그 경험이 성장의 동력이 되기 때문입니다. 오늘 내가 살아 숨 쉬고 있다면 도전해야 합니다. 도전이야말로 살아 있는 자의 특권입니다.

오랫동안 병상에 누워 계신 권사님이 있었습니다. 거동 자체가 불가능했기 때문에 사실 할 수 있는 일이 아무것도 없었습니다. 하지만 권사님은 병상에서 아들이 가져다 준 교회 주보를 보고 그 주에 등록한 새 가족들의 이름을 하나하나 부르며 기도했습니다. 그들이 꼭 주님을 만나게 해 달라고, 교회에 잘 정착하게 해 달라고 간절히 기도했습니다.

하찮은 인생이란 없습니다. 도전을 멈추고 포기하는 순간 하찮아질 뿐입니다.

물 위로 오라 하소서

베드로를 생각해 봅시다. 그는 단순한 믿음으로 물 위를 걷는 기적에 도전했습니다. 기도의 현장에서 제자들이 풍랑을 만나 힘겹게 노 젓는 것을 보신 예수님은 밤 사경에 물 위를 걸어 제자들에게 오셨습니다. 그러자 제자들은 그런 예수님을 보고 유령이라 무서워하며 소리를 질렀습니다. 예수님은 무서워하는 제자들에게 말씀하셨습니다. "안심하라 나니 두려워하지 말라"(27절). 그 말을 들은 베드로는 요청합니다.

> "베드로가 대답하여 이르되 주여 만일 주님이시거든 나를 명하사 물 위로 오라 하소서 하니"(28절).

정상적인 사람이 할 수 있는 말이 아닙니다. 보통은 "주님, 왜 이제야 나타나셨습니까? 저희가 하마터면 죽을 뻔했습니다" 혹은 "정말 주님이시라면 속히 이곳으로 와서 이 풍랑을 잔잔케 해 주십시오"라고 말해야 합니다.

그런데 베드로는 "나를 명하사 물 위로 오라 하소서"라고 요청합니다. 이것은 중력의 법칙을 거스르는 말입니다. 어떻게 사람이 물 위를 걸을 수 있습니까? 정상적인 교육을 받은 사람이라면, 아니 상식이 있는 사람이라면 절대로 이렇게 말할 수 없습니다.

베드로가 이렇게 비과학적이고 비상식적인 말을 한 이유가 무엇일까요? 누구도, 그 어떤 사람도 물 위를 걷게 할 수 없지만, 정말 주님이라면 내가 물 위를 걷게 하실 수 있다는 단순한 믿음이 있었기 때문입니다. 그래서 다른 제자들은 두려워 떨고만 있을 때 베드로는 "나를 명하사 물 위로 오라 하소서"라고 요청했던 것입니다.

오라

베드로의 요청에 주님은 어떻게 응답하십니까?

"오라"(29절a).

예수님은 꾸짖거나 책망하지 않으십니다. 지체하지도 않으십니다. 주님은 기다렸다는 듯이 '오라'고 말씀하십니다. 그런데 오늘 '오라'는 주님의 음성을 듣지 않고, 잘못된 믿음으로 물속에 뛰어들었다가 아직까지 나오지 않는 사람들이 있습니다. 분명한 목적의식도 없이 단순한 호기심에 물 위를 걷고 싶어 하는 사람들이 있습니다. 하나님을 시험해 보고자 불순한 의도로 물 위를 걷게 해 달라는 사람들이 있습니다.

물 위를 걸으려면 이유가 분명해야 합니다. 기적 자체만을 위해서라면 땅 위를 걷는 것도 기적입니다. 생각해 보십시오. 오늘 내가 서 있는 이 땅을 밟고 싶어도 밟지 못하고, 걷고 싶어도 걷지 못하는 사람들이 얼마나 많습니까? 중환자실에 가 보면 이런 사람들이 너무나 많습니다.

기적을 요구하려면 그 이유와 목적이 분명해야 합니다. 베드로처럼 주님으로부터 확실한 응답을 받아야 합니다. 그렇지 않고 무모하게 도전하는 것은 하나님을 시험하는 것입니다. 성경은 분명히 "주 너의 하나님을 시험하지 말라"(마 4:7b)고 경고합니다. 단순한 호기심과 자신의 야욕을 위해 기적에 도전하는 것은 하나님이 책임져 주지 않으십니다.

물 위를 걷다

주님으로부터 '오라'는 응답을 받은 베드로는 어떻게 했을까요? 지체하지 않았습니다. 주님의 말씀을 단순하게 믿었습니다. 그리고 넘실거리는 파도 위로 뛰어내렸습니다.

"베드로가 배에서 내려 물 위로 걸어서 예수께로 가되"(29절b).

베드로는 어부입니다. 바다에서 잔뼈가 굵은 사람입니다. 결코 물 위를 걸을 수 없다는 사실을 누구보다도 잘 알고 있습니다. 많은 어부들이 풍랑을 만나 물속에서 허우적거리다가 죽어가는 것을 본 사람입니다. 그런데 베드로는 '오라'는 주님의 말씀을 듣고 바로 풍랑이 이는 파도 위로 뛰어내렸습니다. 어떻게 되었을까요? 닐 암스트롱(Neil Armstrong)이 달의 표면을 걸었던 것처럼, 베드로 역시 물속에 빠지지 않고 물 위를 걸었습니다. 인간 최초로 물 위를 걷는 기적이 일어난 것입니다.

풍랑보다 시선이 중요하다

그런데 물 위를 걸어 예수님을 향해 나아가던 베드로가 갑자기 물속에 빠졌습니다. 무슨 일이 일어난 걸까요?

"바람을 보고 무서워 빠져 가는지라 소리 질러 이르되 주여 나를 구원하소서 하니"(30절).

베드로는 바람을 보았습니다. 사실 바람은 눈에 보이지 않기에 바람으로 인한 풍랑을 보았다는 것이 정확한 표현일 것입니다. 베드로가 물을 딛고 서 계신 주님을 보지 못하고 바람을 보는 순간, 두려움이 엄습해 왔습니다. 두려움의 포로가 되는 순간, 베드로의 몸은 물속에 빠져 들기 시작했습니다.

여기서 우리는 중요한 것을 깨닫게 됩니다. 그것은 바로 우리의 시선입니다. 풍랑보다 시선이 더 중요합니다. 내 인생에 일어난 풍랑보다 더 중요한 것은 내 시선입니다. '나는 지금 어떤 상황 가운데 있는가'보다 '내 시선은 지금 어디를 향하고 있는가'가 더 중요합니다.

사탄이 이 사실을 알고 있습니다. 그래서 우리가 믿음의 주

하나님의 사람이여, 도전하라!

요, 온전케 하시는 이인 예수님을 바라보지 못하도록 합니다. 끊임없이 쓰러지고 넘어지는 연약한 나 자신을 바라보게 합니다. 내 인생의 문제만을 보게 하고, 내 가정과 일터에 휘몰아치는 인생의 풍랑만을 보게 합니다.

우리가 두려움을 갖게 하려는 이유에서입니다. 두려움의 포로가 되면 그 공포에 갇혀서 아무것도 하지 못하고 스스로 무너져 버리기 때문입니다. 이것이 사탄의 전략입니다.

〈시선〉이라는 찬양에 이런 가사가 있습니다.

내게로부터 눈을 들어 주를 보기 시작할 때 주의 일을 보겠네
내 작은 마음 돌이키사 하늘의 꿈꾸게 하네 주님을 볼 때
모든 시선을 주님께 드리고 살아 계신 하나님을 느낄 때
내 삶은 주의 역사가 되고 하나님이 일하기 시작하네

내게로부터 눈을 들어 주를 보기 시작할 때, 주의 일을 본다고 말합니다. 주님을 볼 때 하늘의 꿈을 꾼다고 말합니다. 가사 그대로, 내 모든 시선을 주님께 드릴 때 살아 계신 하나님을 느낄 뿐만 아니라 내 삶은 주의 역사가 되고, 하나님이 내 삶에서 일하기 시작하십니다.

정말 하나님이 내 인생 속에서 일하시는 것을 보기 원하십니까? 내 인생 가운데 물 위를 걷는 것 같은 놀라운 기적을 보고

싶으십니까? 여러분의 시선이 중요합니다. 연약한 자신을 바라보지 마십시오. 풍랑을 바라보지 마십시오. 풍랑을 넘어 내 인생의 풍랑을 잔잔케 하실 예수님을 바라보십시오. 그 풍랑을 발로 밟고 내 앞에 서 계시는 예수님을 바라보십시오.

진실로 하나님의 아들이로소이다

물속에 빠져 들어가던 베드로는 다급하게 외칩니다. "주여, 나를 구원하소서!" 이에 예수님은 즉시 손을 내밀어 그를 붙잡으며 "믿음이 작은 자여, 왜 의심하느냐"라고 책망하십니다.

베드로가 물속에 빠진 것은 결국 믿음이 작았기 때문입니다. 믿음이 작다는 것은 하나님을 온전히 신뢰하지 못하는 의심이 있다는 것입니다. 마침내 예수님이 베드로와 함께 배에 오르시자 바람이 그쳤습니다.

"배에 함께 오르매 바람이 그치는지라"(32절).

바람이 그쳤다는 것은 곧 풍랑이 잔잔해졌음을 말합니다. 사실 풍랑은 곧바로 잔잔해질 수 없습니다. 그런데 예수님이 배에 오르시자 바람이 그쳤습니다. 문제가 즉시 해결된 것입니다. 그러자 배에 있는 사람들이 예수님께 절하며 진실로 하나님의 아들이라고 고백합니다.

"배에 있는 사람들이 예수께 절하며 이르되 진실로 하나님의 아들이로소이다"(33절).

예수님이 기적을 행하신 이유가 무엇입니까? 베드로로 하여금 물 위를 걷는 기적을 경험하게 하신 이유가 무엇일까요? 예수님 자신이 하나님의 아들이심을 나타내기 위해서입니다.

우리 삶에 기적이 일어나야 하는 이유가 무엇입니까? 왜 우리는 오늘도 우리 삶에 기적이 일어나기를 기도합니까? 예수님이 바로 하나님의 아들이심이 드러나도록 하기 위해서입니다. 기적을 행하는 우리를 드러내기 위함이 아니라 하나님의 하나님 되심을 드러내기 위해서입니다.

제자들은 풍랑을 만나 밤 사경까지 힘겨운 사투를 벌였습니다. 그러나 풍랑을 만났기에 그들은 예수님이 하나님의 아들 되심을 깨닫게 되었고, 베드로는 물 위를 걷는 기적을 경험하게 되었습니다.

풍랑을 원하는 인생은 없습니다. 그러나 원치 않는 그 풍랑으로 인해 우리는 주님께 나아가게 되고, 주님 앞에 머물러 있는 시간이 많아지게 됩니다. 내가 믿는 하나님이 어떤 분인가 알게 됩니다. 그렇습니다. 고난이 크면 클수록, 문제가 크면 클수록 여러분은 더 크고 위대한 하나님의 역사를 경험하게 될 것입니다. 더 큰 기적을 경험하게 될 것입니다.

단순한 믿음으로 도전하라

베드로는 풍랑을 만났을 때 물 위를 걸어오시는 주님을 보고 "나로 물 위로 오라 하소서"라고 요청했습니다. 그리고 '오라'는 주님의 말씀에 지체하지 않고, 넘실대는 파도 위로 뛰어내렸습니다.

여러분이 만일 그 현장에 있던 베드로라면 그렇게 할 수 있겠습니까? "나로 물 위로 오라 하소서"라고 요청할 수 있겠습니까? '오라'는 그 말씀 한마디만을 단순하게 믿고, 파도가 휘몰아치는 바다 위에 발을 내딛을 수 있겠습니까? 이것은 엄청난 도전입니다.

하지만 베드로는 과감하게 발을 내딛었습니다. '만일 물 위를 걸어오는 분이 유령이 아니라 주님이라면 나를 물 위로 걷게 하실 것이다'라는 단순한 믿음을 가졌습니다. 베드로는 그 순간 중력의 법칙을 생각하지 않았습니다. 과거에 물속에 빠져 허우적거리다 죽었던 사람들을 떠올리지 않았습니다.

내가 믿는 하나님이 어떤 분인가를 알면 우리의 믿음은 단순해집니다. 베드로가 그랬습니다. 단순한 믿음으로 기적에 도전했습니다. 그 결과 물 위를 걸었습니다. 비록 바람을 보고 잠시 물속에 빠지기도 했지만, 그는 물 위를 걸은 최초의 사람이 되었습니다. 이 기적으로 인해 예수님이 진실로 하나님의 아들이심을 드러냈습니다.

만일 베드로가 예수님의 말씀을 듣고도 도전하지 않았다면 어떻게 되었을까요? 그는 물 위를 걷지 못했을 것입니다. 사실 배에는 베드로만이 아니라 다른 제자들도 있었습니다. 하지만 다른 어떤 제자도 물 위를 걷게 해 달라고 하지 않았습니다. 두려워 떨고만 있었습니다. 도전하지 않았습니다. 그래서 물 위를 걷는 기적을 경험할 수 없었습니다.

존 오트버그(John Ortberg) 목사의 『물 위를 걸으려면 단순하게 믿으라』(두란노, 2003)라는 책이 있습니다. 그는 이 책에서 "물 위를 걸으려면 배에서 나와야만 한다"고 말합니다. 배 안에 머물러 있는 자는 결코 물 위를 걸을 수 없습니다.

사람들은 배 안에 있기만을 원합니다. 언제나 안락한 삶을 추구합니다. 안정적이고 예측 가능하며 언제든 통제할 수 있는 삶을 살고 싶어 합니다. 그런데 주님은 우리에게 말씀하십니다. "정말 물 위를 걷기를 원하느냐? 그렇다면 배 안에서 나와 세상과 충돌하라!"

오랜만에 에이든 토저 목사의 『세상과 충돌하라』(규장, 2005)는 책을 다시 꺼내 읽으면서 가슴 뛰는 도전을 받았습니다. 사실 세상이 변하지 않는 이유는 빛의 자녀들인 우리가 어두운 세상과 충돌하지 않고 적당히 타협하기 때문입니다. 세상과 충돌해야 복음의 권세가 드러나고, 십자가의 능력이 나타나고, 무엇이 참된 진리인지 드러납니다.

그리스도인은 세상에 발을 딛고 살지만 세상과 충돌할 수밖에 없는 사람들입니다. 그래서 예수님도 "너희는 세상에 속한 자가 아니요 도리어 내가 너희를 세상에서 택하였기 때문에 세상이 너희를 미워하느니라"(요 15:19b)고 말씀하셨습니다.

여러분의 인생에 물 위를 걷는 것과 같은 기적이 일어나기를 원하십니까? 배 안에 안주하지 마십시오. 배에서 나와 세상과 충돌하십시오. '오라'고 하시는 주님의 말씀에 단순한 믿음으로 순종의 발걸음을 내딛으십시오. 여러분도 물 위를 걷는 것과 같은 기적을 경험하게 될 것입니다. 설령 한순간 두려움으로 물 속에 빠진다 할지라도, 주님이 여러분을 즉시 건져 주실 것입니다. 이 경험을 통해 여러분은 결코 혼자가 아니라는 사실을 더 깊이 알게 될 것입니다.

베드로는 단순한 믿음으로 도전한 덕분에 물 위를 걷는 기적을 경험했습니다. 여러분도 단순한 믿음을 가지십시오. 그 믿음으로 담대히 순종의 발걸음을 내딛으십시오. 세상과 타협하며 배 안에 안주하는 삶이 아닌, 주님의 경이로운 인도하심을 경험하는 도전의 인생이 되길 바랍니다. 하나님의 사람인 우리가 도전하지 않으면 누가 하나님의 하나님 되심을 드러내는 일에 도전하겠습니까? 세상과 타협하지 말고, 세상과 충돌합시다. 여러분은 하나님의 사람입니다.